Compensation Management
Comprehensive Training

21世纪应用型本科管理系列规划教材

U0675038

薪酬管理
综合实训

（第二版）

张霞 胡建元 潘明明 主编

东北财经大学出版社
Dongbei University of Finance & Economics Press

大连

图书在版编目（CIP）数据

薪酬管理综合实训 / 张霞，胡建元，潘明明主编. —2版. —大连：东北财经大学出版社，2020.9

（21世纪应用型本科管理系列规划教材）

ISBN 978-7-5654-3911-7

Ⅰ．薪⋯　Ⅱ．①张⋯ ②胡⋯ ③潘⋯　Ⅲ．企业管理-工资管理-高等学校-教材　Ⅳ．F272.923

中国版本图书馆 CIP 数据核字（2020）第 132186 号

东北财经大学出版社出版

（大连市黑石礁尖山街 217 号　邮政编码　116025）

网　　址：http：//www.dufep.cn

读者信箱：dufep@dufe.edu.cn

大连永发彩色广告印刷有限公司印刷　东北财经大学出版社发行

幅面尺寸：185mm×260mm　　字数：205千字　　印张：10　　插页：1

2020年9月第2版　　　　　　　　　　2020年9月第1次印刷

责任编辑：石真珍　周　晗　　　　　　责任校对：周小焕

封面设计：冀贵收　　　　　　　　　　版式设计：钟福建

定价：30.00元

教学支持　售后服务　　联系电话：（0411）84710309

版权所有　侵权必究　　举报电话：（0411）84710523

如有印装质量问题，请联系营销部：（0411）84710711

第二版前言

　　薪酬在企业的人才吸引与保留方面发挥着重要的作用，"薪酬管理"课程是人力资源管理专业核心课程之一。编者在多年的"人力资源管理"和"薪酬管理"课程的教学与研究中，除了理论研究外，还积极进行实践教学的探索、实践资料的积累工作，经常与企业人力资源管理工作者和薪酬专员交流，掌握企业人才需求和岗位任职要求，以对实践教学进行反馈。本书基于对实践教学资料的积累、整理和不断完善编写而成。

　　与以往的薪酬管理实训教材相比，本书体现了以下特点：

　　1.专业化。企事业单位人力资源管理流程日趋细化，并具体化为招聘选拔、培训开发、绩效管理和薪酬管理四个核心模块，每一个模块都强调其科学性与技巧性。本书尝试提取薪酬管理模块单独编写实训教材，以适应组织人力资源管理部门职责细化的需求变化，同时为其他核心模块教学实践环节的细化提供借鉴与参考。

　　2.流程化和模块化。薪酬管理的工作过程包括薪酬战略规划、薪酬方案设计、薪酬发放，以及薪酬预算与控制。基于此流程，本书的实训一是组织进行薪酬战略规划的内容，实训二至实训十二是薪酬方案设计的内容，"附录　员工薪酬管理相关表格"是薪酬预算与发放涉及的内容。按照薪酬的构成，薪酬分为基本薪酬、奖金和福利三大子系统，本书的实训内容也与之相对应，如职位评价、薪酬调查、职位薪酬结构设计等是基本薪酬设计的内容，对应奖金与福利模块的是绩效薪酬方案设计和自助式福利体系设计。这种流程化与模块化的实训设计，有助于学习者熟练掌握薪酬管理的理论框架和内容并将其运用于实践。

　　3.易掌握。不同的学习者有着不同的层次，有高校相关专业的学生，也有社会相关从业人员。不同层次学习者的基础和学习目标是不同的。本书满足了不同层次学习者的要求，既有与初级技能的掌握相对应的薪酬测算实训，也有与较高技能水平的掌握相对应的设计性实训环节，同时补充了大量薪酬方案设计实例的内容以供借鉴。

　　在本书的编写和修订过程中，编者参阅了国内外人力资源管理领域许多专家、学者的宝贵资料，并在相关学术会议中收集了与会专家、学者的建议，得到了石河子大学人力资源管理专业教学同仁的大力支持与协助。东北财经大学出版社的领导和编辑做了积极的组织工作。在此，一并致以衷心的感谢。受篇幅所限，本书借鉴的研究成果和文献资料未及一一列出，在此，谨向人力资源管理学界的师友及文献作者致谢。由于编者水平有限，书中难免存在不妥之处，敬请读者批评指正，使之臻于完善。

编　者

2020年6月

目　录

实训一 战略性薪酬体系设计

一、实训目的

通过该实训项目，了解战略性薪酬的内涵，掌握战略性薪酬体系设计的思路。

二、基本知识要点

1.战略性薪酬的概念

战略性薪酬是以企业经营战略为指导，调动全体员工的积极性、创造性，以实现企业战略目标为目的，以绩效管理为实际发放薪酬的依据，动态地对企业的价值分配进行计划、设计、实施和控制。战略性薪酬是将企业薪酬体系的构建与企业的经营战略有机结合起来，使企业薪酬体系成为实现企业发展战略的重要杠杆。战略性薪酬是一种对人力资源的投资行为，改变了过去那种仅将薪酬看作成本的思维方式，更多的是考虑如何有效利用这种投资，即对企业有限的资源进行高效的利用，使其放在最有效的领域，发挥最大的激励作用。

2.战略性薪酬体系设计的意义

（1）适应瞬息万变的外部环境。市场供需结构变迁、竞争对手变化以及国家宏观环境调整都会对企业生产经营产生深远影响，进而造成企业薪酬策略与企业经营不匹配的问题。通过建立战略性薪酬体系，推进企业薪酬管理与企业发展战略相匹配，可使企业更好地适应外部环境变化。

（2）优化人才结构和人才储备。通过调整企业薪酬制度，构建战略性薪酬体系，可以更好地吸引、选择、雇用和储备与企业经营战略相匹配的各类人才，优化公司人才结构和人才储备，提升企业市场竞争力。

（3）完善激励措施，激发员工积极性。企业通过构建战略性薪酬体系，采用更具激励竞争性的薪酬体系，提升员工工作积极性和主动性，从而提高人力资源成本的效率，创造出更大的财富和经济效益。

（4）提高企业的凝聚力。通过实施战略性薪酬管理，可以让员工更好地解读企业的发展战略，并引导员工朝着企业战略目标的方向努力，将员工的个人行为和企业经营战略有机地结合在一起，形成企业文化和企业的核心价值观，提高凝聚力。

3.战略性薪酬体系的设计原则

（1）战略导向原则。企业的战略性薪酬设计必须与企业所处的地域环境和行业背景相适应，并且与企业的战略目标保持一致。对于处于不同行业，或处于同一行业，地域、经营状况有所差异的企业，应制定不同的战略性薪酬体系。

（2）完善激励机制原则。企业的战略性薪酬体系应既包括工资、福利等货币性薪酬，也包括绩效管理与认可奖励、培训与职业发展等非货币性需求，以此向员工传递企业战略目标和市场需求方向，激励员工提高自身工作绩效。

（3）实现公平分配原则。企业构建战略性薪酬体系应从外部、内部、绩效薪酬三个角度，体现薪酬分配的公平性。

（4）提升人力效益原则。企业构建战略性薪酬体系应增强人工成本投入针对性，提升人工成本投入有效性，以恰当成本投入实现对员工激励的效果，提高人工收益，实现公司效益增长。

（5）经济性原则。企业设计薪酬体系也要兼顾企业的支付能力。从短期看，薪酬制度设计的薪酬总额应当在企业盈利能力所能接受的合理范围内；从长远看，企业利润增长率应当不低于薪酬总额增长率。

4.战略性薪酬体系设计的影响因素

（1）行业环境因素。

①行业生命周期。

在引入期，企业多采用职务等级薪酬制度或技术等级薪酬制度；在成长期，企业开始采用分散化和混合性的薪酬制度，以满足多样化经营的需要；在成熟期，企业倾向于保留原有的薪酬制度；在衰退期，企业开始收缩其产品和市场领域，但由于不再追加投资，此时企业的薪酬结构稳定。

②行业的性质。

一般来说，技术含量高、熟练工人比例高且人均资本占有量大的行业，多采取基于知识和技术的薪酬体系，同时薪酬水平也较高。

（2）企业内部因素。

①企业经营规模。

由于在劳动力市场上存在攀比效应和示范效应，企业规模水平与其报酬水平之间难以形成简单线性相关关系，但企业规模对管理者的薪酬水平有较大的影响。

②企业经营战略。

薪酬方案的设计应该结合经营战略，并与其他多种人力资源管理举措整合起来，注重整体效益，维持并开发组织的持续竞争力。

5.战略性薪酬体系构建步骤

（1）解读企业战略；

（2）开展岗位分析；

（3）调查市场薪酬；

（4）设计薪酬结构；

（5）构建全面薪酬；

（6）制定保障措施。

三、实训内容与要求

尔康制药公司战略性薪酬体系构建①

1.公司简介

尔康制药公司是一家以生产药用辅料为主的家族企业，坐落于国家级经济技术开发区。公司下设18个子公司，共有员工724人，分布于设备部、质保部等10个部门。尔康制药公司于2011年9月在深交所创业板上市，并获得"创业成长公司20强"等荣誉称号。目前，公司共有129种辅料品种、44个原料药品种，初步形成了药用辅料、原料药、成品药三大系列产品线齐头并进发展格局。业务市场也由湖南、广东、云南、湖北、江西五省和广西壮族自治区逐步向全国范围扩散。

当前，尔康制药公司的薪酬体系主要由基本工资、绩效工资、年度奖金、补贴以及福利构成。其中，基本工资主要根据相关岗位职务高低、管辖范围、工作职责及员工期望值设定；绩效工资根据年度考核和月度考核结果设定，以基本工资的20%作为绩效工资基数，顺利完成目标任务的员工都可以享有绩效工资；年度奖金根据公司当年经营状况、盈利水平以及员工个人工作表现，于年底统一发放；补贴是除了公司的出差每日补贴外，还包括员工日常的餐补、话费补贴、交通补贴等；福利则既包括"五险一金"，同时还为员工提供篮球场、羽毛球场，以及在重大节日发放购物卡和礼品等。

2.尔康制药公司薪酬管理中存在的问题

（1）没有体现薪酬的战略意义，与企业经营战略脱节，对薪酬管理缺乏战略规划和全面性管理，对企业主要管理、技术、技能岗位的骨干人员和有突出贡献的员工的激励性不够；

（2）薪酬结构中固定部分所占比例较大，浮动部分相对较少，薪酬体系的激励性不强；

（3）薪酬等级差距不合理，不能合理体现岗位劳动分配的差别；

（4）薪酬分配和绩效考核结合不够紧密，不能真正体现考核的价值，绩效考评的方法还需不断完善。

---

① 牛聪惠. 尔康制药公司战略性薪酬体系构建研究［D］. 保定：河北大学，2018.

要求：根据尔康制药公司简介以及薪酬管理存在的问题，结合尔康制药公司目前的战略，为尔康制药公司构建基于战略的薪酬体系，具体从薪酬结构、绩效薪酬、薪酬组合等方面设计。

四、实训组织与步骤

以小组为单位开展以下各项活动：

第一步，阅读案例，明确战略性薪酬体系的构建思路。

第二步，通过小组讨论为尔康制药公司明确薪酬战略。

第三步，在薪酬战略确定的基础上，明确公司的薪酬策略，包括薪酬激励的重点、薪酬构成、薪酬水平、薪酬结构等，进而构建尔康制药公司的战略性薪酬体系。

第四步，制作演示幻灯片和文稿并进行演示。

五、实训时间

4课时。

六、实训成绩评定

实训成绩按优秀、良好、中等、及格和不及格5个等级评定。

成绩评定参考以下准则：团队合作情况；学生态度、参与积极性；方案的质量。

实训成绩评定比例：实训环节表现占70%，实训方案质量占30%。

附　录

GN酒业有限公司战略性薪酬体系设计

一、GN酒业有限公司的经营战略

GN酒业有限公司将经营战略分为三个层面：战略思路、战略目标和战略措施，见表1-1。

表1-1 公司的经营战略

公司经营战略	战略思路：以最低成本获得最大利润
	战略目标：战略目标分为品牌战略目标和经营战略目标。品牌战略目标是努力打造公司"古城"酒优质品牌的形象，并使该品牌形象在5年内享誉全国，10年内走向国际。经营战略目标是保持"古城"酒在快速消费品市场中的领先地位，力求5年内实现同等品牌销售排名第一，销售总额达到5 000万元，利润总额达到200万元
	战略措施：一方面，关注客户的需求，对客户需求作出快速响应，为客户提供最优质及个性化的服务；另一方面，将品牌和质量运作作为公司发展的重中之重，强调市场部和生产部的核心功能，同时鼓励员工创新，持续注重产品质量，增强员工的知识和能力，使员工快速运用于工作实践

二、GN酒业有限公司的薪酬战略

企业在制定薪酬战略时，要与以最低成本获得最大利润的经营战略相适应，同时与企业内部因素、所在行业因素等相适应。

具体的薪酬战略：与企业经营战略相适应的薪酬战略是低成本薪酬战略，即企业采用大规模生产方式，通过降低产品的平均生产成本来获得利润，同时保持稳定薪酬战略，在防御外来环境威胁的同时保持均匀的、小幅度的增长速度。

三、GN酒业有限公司的薪酬策略

1.薪酬激励重点

企业在构建战略性薪酬体系时，首先应该明确企业激励的核心部门和核心人员，从而确定企业的激励重点，同时针对不同的激励重点，采取不同的薪酬激励方式。GN酒业有限公司的核心部门是生产供应部和市场营销部，生产供应部的调酒师和市场营销部的销售人员是非常稀缺的独特人才，同时他们的战略价值很高，因而该公司在经营过程中注重对生产供应部的调酒师和市场营销部的销售人员进行激励，以拓展市场。

2.薪酬支付基础

由于GN酒业有限公司实行的是成本领先的经营战略，因而其薪酬支付基础是以职位为导向的。

3.薪酬水平

由于GN酒业有限公司采用混合型薪酬策略，所以对于核心的技术人才采取高于市场平均水平的薪酬策略，对其他的员工采取追随型薪酬策略。

4.薪酬组合

由于GN酒业有限公司采用低成本战略，受到支付能力的影响，不同职位之间的工资差别相对较小，薪酬组合调整为激励性相对较低的调和型较为合适，在控制一定成本的基础上激励员工提高工作效率。

5.薪酬结构

根据GN酒业有限公司的经营战略，薪酬结构应该设计成等级多、极差小的模式，这样在支持其经营战略的同时，也使每个员工都得到了合理的薪酬回报。

四、GN酒业有限公司的薪酬设计

1.薪酬支付基础设计

在工作分析的基础上采用海氏工作评价系统进行工作评价。我们选取总经理、销售总监、财务部部长、酒体部部长等24个岗位进行了工作评价。通过海氏工作评价系统得到的职位排序结果见表1-2。

表1-2　　　　　　　　　　工作评价的职位排序

职位分类	付酬因素／被评价者	技能水平（30%）			解决问题的能力（45%）		承担的职务责任（25%）			评分结果
		专业理论知识	管理诀窍	人际技能	思维环境	思维难度	行动的自由度	职位对后果的作用	职务责任	
高级管理人员	总经理	430.5			645.75		358.75			1 435
	生产技术总监	405			607.5		337.5			1 350
	销售总监	387.3			580.95		322.75			1 291
	财务部部长	315.6			473.4		263			1 052
	质检部部长	295.5			443.25		246.25			985
	酒体部部长	250.8			376.2		209			836
	生产供应部部长	214.8			322.2		179			716
	质检部副部长	195.6			293.4		163			652
	劳服部部长	189			283.5		157.5			630
	水事业部部长	177.6			266.4		148			592
高级技术人员	酿酒车间主任	177			265.5		147.5			590
	包装车间主任	157.5			236.25		131.25			525
行政管理人员	劳资专干	146.1			219.15		121.75			487
	绩效薪酬专员	143.1			214.65		119.25			477
	招聘培训干事	129.3			193.95		107.75			431
	档案管理员	118.8			178.2		99			396
	行政助理	116.4			174.6		97			388
	人事助理	108			162		90			360
研发技术人员	养曲工	93			139.5		77.5			310
	制曲师	89.1			133.65		74.25			297
	酿酒师	83.1			124.65		69.25			277
	酒体勾兑员	70.2			105.3		58.5			234
	调酒师	69			103.5		57.5			230
	化验员	57			85.5		47.5			190

2.薪酬水平设计

根据薪酬调查结果的第25百分位数、第50百分位数、第75百分位数以及对上述几方面信息的分析,我们得出GN酒业有限公司目前的薪资水平与市场水平的比较,见表1-3。

表1-3　　　　　GN酒业有限公司目前薪资水平与市场水平比较　　　单位:元

职位分类	分位数	市场水平	公司目前的薪资水平
高级管理人员	第75百分位数	3 500	3 400
	第50百分位数	3 200	3 200
	第25百分位数	2 700	2 800
高级技术人员	第75百分位数	2 500	2 700
	第50百分位数	2 300	2 500
	第25百分位数	2 000	2 200
行政管理人员	第75百分位数	1 800	1 750
	第50百分位数	1 600	1 550
	第25百分位数	1 500	1 450
研发技术人员	第75百分位数	1 400	1 450
	第50百分位数	1 300	1 400
	第25百分位数	1 200	1 300

通过以上分析,可以将GN酒业有限公司的薪酬水平设计为:高级管理人员、行政管理人员采取的是追随型薪酬水平,即以第50百分位数水平为基准,这是为了提高公司骨干如高级技术人员的薪资水平,维持或提高公司高级管理人员的薪资水平,提高外部竞争力,降低较具替代性的行政管理人员的薪资水平,使其跟随市场水平。高级技术人员和研发技术人员等核心技术人才采取高于市场平均水平的薪酬策略,即以第75百分位数水平为基准,这是为了保持以他们为激励重点,使他们的目标与公司目标保持一致,最终实现公司的战略目标。

3.薪酬组合设计(见表1-4)

表1-4　　　　　　　　　薪酬组合设计

薪酬组合	原有比例	现在比例
基本薪酬	5	3
可变薪酬	2	3
间接薪酬	2	2
附加薪酬	1	2

4.薪酬结构设计

通过分析 GN 酒业有限公司原有的薪酬结构，我们发现其薪酬结构体现出扁平化和断层化，即相邻薪酬等级无交叉与重叠，总体来说就是等级少、级差相对比较大。我们将对原有的薪酬结构进行优化。首先，进行分等。由于工作岗位比较多，将薪酬等级改为六个等级。其次，确定每个等级对应的薪酬区间。在考虑员工的价值、贡献大小、能力和努力程度等因素的基础上确定各个区间的中点和上下限。最后，确定相邻等级之间的交叉，得到优化后的薪酬结构，见表1-5。

表 1-5　　　　　　　　　　　GN 酒业有限公司薪酬等级结构　　　　　　　　　　单位：元

岗位等级	薪酬区间	
六	最高值	2 800
	中值	2 300
	最低值	1 800
五	最高值	2 650
	中值	2 200
	最低值	1 750
四	最高值	2 500
	中值	2 100
	最低值	1 700
三	最高值	2 300
	中值	1 950
	最低值	1 600
二	最高值	2 100
	中值	1 800
	最低值	1 500
一	最高值	1 600
	中值	1 400
	最低值	1 200

GN 酒业有限公司战略性薪酬体系的构建从总体上展示了战略性薪酬体系的设计思路，其中包括战略、执行和技术三大层面。经过经营战略确定、薪酬战略制定、薪酬策略选择，最终在技术层面进行薪酬的设计，包括薪酬激励重点、薪酬支付基础、薪酬水平、薪酬组合和薪酬结构的设计，最终形成的薪酬结构在战略的基础上解决了薪酬体系中存在的问题。

实训二　职位评价

一、实训目的

通过模拟职位评价，熟练掌握职位评价的方法、程序，明确职位评价在薪酬结构设计中的作用，了解评价中的难点及可能出现的误区。

二、基本知识要点

1.职位评价的含义

职位评价又叫工作评价，是根据各职位对组织目标的贡献，通过专门的技术和程序对组织中的各个职位的价值进行综合比较，以确定组织中各个职位的相对价值差异，是薪酬级别设计的基础。职位评价主要依据工作内容、技能要求、对组织的贡献、组织文化以及外部市场等相关方面展开。

2.职位评价原则

（1）系统性。职位评价工作应与企业人力资源管理系统保持一致性、整体性和相关性。

（2）实用性。职位评价工作应从实际出发，依据企业生产经营实况，选择企业需要的管理基础工作作为评价要素，并使评价结果可以直接应用于管理实践中。

（3）标准化。企业在衡量员工劳动力消耗方面所依据的职位评价方法和具体实施程序应具有统一规定，遵守共同的准则。

（4）优化原则。优化是基于一定约束条件，参照设定的具体目标，并不断与之靠拢的过程。在职位评价过程中，应根据企业发展条件，不断优化岗位评价环节，使评价结果向企业目标收敛。

3.职位评价步骤

（1）按工作性质将企业的全部职位分类；

（2）收集有关职位的各种信息；

（3）制订具体工作计划，确定详细实施方案；

（4）以资料为基础，找出与职位有直接联系、密切相关的各种主要因素；

（5）规定统一衡量标准，设计各种问卷和表格；

（6）先以几个重点单位作为试点，以发现问题、总结经验、及时纠正；

（7）全面实施，包括职位测定、资料整理汇总、数据处理分析等；

（8）撰写各个职位的评价报告书，提供给各有关部门；

（9）全面总结。

4.职位评价方法

目前，企业职位评价的方法主要有排序法、分类法、要素计点法和要素比较法四种类型。这里介绍前三种方法。

（1）排序法。

岗位排序法是依据工作复杂程度等总体指标对每个岗位的相对价值予以排序的工作评价方法。岗位排序法是岗位评价技术的一种，其程序为：获取岗位信息——选择等级参照物并对岗位分类——选择报酬因素——对岗位进行排序——综合岗位排序结构，如图2-1所示。目前比较成熟的岗位排序法包括直接排序法、交替排序法以及配对比较排序法三种类型。

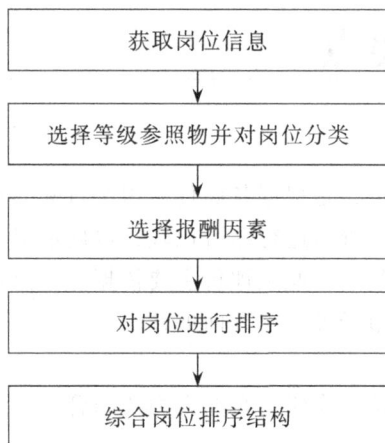

图2-1 岗位排序法流程

①直接排序法：按照岗位的说明根据排序标准从高到低或从低到高进行排序。直接排序法主要适用于不同层级职位的排列。

②交替排序法：先从所需排序的岗位中选择相对价值最高的排在第一位，再选出相对价值最低的排在倒数第一位；然后再从剩下的岗位中选择相对价值最高的排在第二位，接下来再选择剩下的岗位中相对价值最低的排在倒数第二位，以此类推。交替排序法主要适用于同一层级职位的排列。

③配对比较排序法：首先将所有待评价的职位进行两两比较，价值较高的职位计"+"或得1分，价值较低的记"-"或减1分，价值相同的记"0"或双方得零分，然后根据职位的最终得分来划分职位等级。

排序法的优点：首先，相对比较简单，易于操作，也容易被理解；其次，该种方法相对主观，不涉及定量分析，所以不需要太多时间和成本。

排序法的缺点：第一，岗位排序法只能输出职位的排序情况，对岗位的相对价值无法衡量和确定；第二，岗位排序法对评价者要求非常严格，需要他们非常熟悉和掌握所有待评价职位和评价工作；第三，如果存在一些价值相近的职位，排序法没有数据说明和支撑的定性分析则缺乏说服力，甚至无法清晰区分职位的排序，第四，不同部门或不同工作背景的人在评价过程中难以避免个人主观偏见。

（2）分类法。

分类法是依据岗位及复杂度的相似程度分为"类"和"级"的一种职位评价方法。分类法对相关岗位进行分类，主要依据岗位工作内容、工作职责以及任职资格等相关因素展开。运用分类法对岗位进行评价，具体步骤如下：

①组建岗位评价小组，收集岗位评价相关资料、数据；

②依据企业生产经营中各类岗位的作用与特征，将全部岗位划分成若干大类；

③根据各大类中相关岗位的性质和特征，将每一大类划分成若干小类；

④根据企业行业特征、规模、功能和人事政策等，确定岗位等级数量；

⑤根据岗位评价基本要素对各岗位进行评价；

⑥根据企业需要和各岗位价值，确定岗位等级标准；

⑦参照岗位等级标准和岗位说明书对岗位进行评价，形成岗位价值等级结构。

岗位分类法优点：应用简便，易于理解，对从事职位评价的人员没有过高的要求。各类别职位定义明确，便于管理，尤其在组织内部存在大量相似的职位时，可将这类职位归于同一个系统来管理，降低管理费用。

岗位分类法缺点：在较为庞大的组织中职位是多样化的，没有办法建立一个通用的职位定义。与排序法一样，分类法也难以客观严谨地解释职位之间的差异与差距，不利于薪酬的确定。

（3）要素计点法。

要素计点法是当前使用较为广泛的一种职位评价方法。其从企业整体角度考虑，首先确定组织为评价职位价值需要运用的报酬要素是哪些，再根据程度差别来对每个要素进行等级划分和等级定义，并且赋予每个要素不同的权重，赋予每个要素等级不同的点值，根据各个职位的职位说明书以及具体情况，针对每个要素进行打分，最终把每个要素的得分汇总起来，即为最终的职位价值。

要素计点法通过确定一系列的评价指标，对各个职位进行职位评价，以此衡量职位的价值。具体步骤如下：

①进行评价范围界定。根据组织内部的需求和实际情况来划分组织内部的职位，选取标杆职位作为评价的基础。

②进行职位分析。在确定职位范围后对所有职位进行信息的搜集、研究、分析、编制职位说明书，以职位说明书为职位价值评价提供信息基础。

③选取报酬指标。报酬指标的选择在职位评价中占据重要的地位，报酬指标的选择直接反映组织的价值取向和发展趋势。对于每一个选取的报酬指标要进行详细的定义及说明，并配以相应的职位。

④建立等级指标。每个等级指标代表整个职位评价的一个方面，要确保所有进行职位评价的人员口径一致，对每一等级都要进行清晰的界定，给出科学合理的等级定义。

⑤确定权重。每个指标的重要性不同，其权重也不同，评价人员要仔细研究等级指标，以指标的重要性来确定指标权重，最终各个权重指标的总和为100%。

⑥进行职位评价。通过上述步骤初步确定职位评价方案后，根据各项指标和权重，对职位进行评价、测算，得到最终的结果。

要素计点法的优点：与非量化的职位评价方法相比，要素计点法的评价更为准确，评价结果更容易被员工所接受，而且还允许对职位之间的差异进行微调；可以运用具有可比性的点数来对不相似的职位进行比较。这种职位评价方法可以广泛应用于蓝领和白领职位。由于明确指出了职位比较的基础——报酬要素，因而能够反映组织独特的需求和文化，强调组织认为有价值的那些要素。

要素计点法的缺点：方案的设计与应用耗费时间，它要求组织必须进行详细的职位分析，有时还可能涉及结构化的职位调查问卷；在报酬要素的界定、等级界定以及点数权重确定等方面存在一定的主观性，并且在多人参与时可能会出现意见不一致的现象。上述情况使得运用要素计点法进行职位评价时，有一定的复杂性和难度。

5.海氏工作评价系统

海氏（Hay）工作评价系统又称"指导图表–形状构成法"（Guide Chart-profile），由美国工资设计专家艾德华·海（Edward Hay）于1951年提出。它有效解决了不同职能部门不同职务间相对价值的相互比较和量化的难题，被企业界广泛接受。海氏工作评价系统实质上是一种评分法，将付酬因素进一步抽象为具有普遍适用性的三大因素，即技能水平、解决问题的能力和承担的职务责任（见表2-1），相应设计了三套标尺性评价量表，最后将所得分值加以综合，算出各个工作职位的相对价值。

6.职位评价的主要工作程序

在具体的实践中，职位评价一般按照以下程序展开：

（1）选择要进行职位评价的典型职位。一般情况下，如果企业的职位不多，可以对所有的职位都进行评价，而如果企业的职位比较多，则需要选择有代表性的典型职位进行评价，其他职位的价值可以通过与这些典型职位进行比较得到。

（2）选择职位评价方法。企业在选择职位评价方法时，可以选择一种方法，也可以选择多种方法结合使用。

（3）建立职位评价委员会。

（4）对职位评价人员进行培训。

（5）制定职位等级结构表。

（6）同员工进行反馈沟通。

表2-1 海氏工作评价系统付酬因素描述

付酬因素	付酬因素定义	子因素	子因素释义
技能水平	要使工作绩效达到可接受的水平所必需的专门知识及相应的实际运作技能的总和	专业理论知识	对该职务要求从事行业领域的理论、实际方法与专门知识的理解。该子系统分八个等级，从基本的（第一级）到权威专门技术的（第八级）
		管理诀窍	为达到要求的绩效水平而具备的计划、组织、执行、控制、评价的能力与技巧。该子系统分五个等级，从起码的（第一级）到全面的（第五级）
		人际技能	该职务所需要的沟通、协调、激励、培训、关系处理等方面主动而活跃的活动技巧。该子系统分"基本的""重要的""关键的"三个等级
解决问题的能力	在工作中发现问题，分析诊断问题，提出、权衡与评价对策，作出决策等的能力	思维环境	指环境对职务行使者的思维的限制程度。该子因素分八个等级，从几乎一切按既定规则办的第一级（高度常规的）到只做了含糊规定的第八级
		思维难度	指解决问题时对当事者创造性思维的要求。该子因素分五个等级，从几乎无须动脑只需按老规矩办的第一级（重复性的）到完全无先例可供借鉴的第五级（无先例的）
承担的职务责任	职务行使者的行动对工作最终结果可能造成的影响及承担责任的大小	行动的自由度	职务能在多大程度上对其工作进行个人性指导与控制。该子因素包含九个等级，从自由度最小的第一级（有规定的）到自由度最大的第九级（一般性无指导的）
		职务对后果形成的作用	该因素包括四个等级：第一级是后勤性作用，即只在提供信息或偶然性服务上出力；第二级是咨询性作用，即出主意与提供建议；第三级是分摊性作用，即与本企业内外其他几个部门和个人合作，共同行动，责任分摊；第四级是主要作用，即由本人承担主要责任
		职务责任	可能造成的经济性正负后果。该子因素包括四个等级，即微小的、少量的、中级的和大量的，每一级都有相应的金额下限，具体数额要视企业的具体情况而定

三、实训内容与要求

基于下文附录1的资料，进行职位评价实训，形成职位点数序列。要求学生能够熟练使用现代办公设备，能够进行有效的团队合作，提高实训报告的演示效果，在逼真的模拟环境下锻炼其人力资源管理的实践技能。

四、实训组织与步骤

按小组成立模拟评价委员会，每个小组有一名会议主持人，一名数据处理、会议记录员，其他人员可根据工作描述数据自选角色扮演。主持人和会议记录员在会议进程中没有投票权，其角色可由小组自行选定或轮流担任，其作用是保证会议按既定程序顺利进行，确保每一个职位均能得到公正的评价，但不应影响委员会成员对职位评价所做的决定。实训采用模拟方式，尽量让学生感受到逼真的评价环境。各小组轮流在评价区观察其他小组的评价过程。

该课程的实训可分成三个阶段，其中两个阶段需在实验室内完成。

第一阶段：实训准备及方案产生阶段。

（1）实训小组共同制订评价计划。

这是一项准备工作，主要是让学生熟悉模拟公司的环境和信息。时间设定为30分钟。必须考虑的因素包括：

①费用：职位评价的费用包括两方面：一是职位评价的方案设计费用；二是方案的实施和监督费用。

②时间：在制订预先的行动方案时，应周密计划每一个步骤所需的人财物支持和各项活动的衔接，明确规定开始和结束的期限。

③使用期限：在选择职位评价方法时，必须对所选方案的预期使用期限作出估计。

④方案的易接受程度：选择职位评价方法时最重要的因素是被评价或被影响人员对该方案的接受程度。设计方案时必须考虑方案的易接受程度。

（2）小组共同制订针对评价人员的培训方案。

时间设定为20分钟。

（3）应用实验室设备召开评价会议。

各小组应用电脑处理数据、设计评价和统计过程。会议总时间为60分钟，可分解为3～4次头脑风暴会议，解决不同的评价议题。

第二阶段：报告形成阶段，各小组通过讨论形成实训报告，制作演示用的幻灯片。

第三阶段：评价演示阶段。

各小组演示评价方案的产生、结果和可能存在的问题，接受其他小组的质疑，每小组演示时间为15～20分钟。

以上三个实训阶段总计需6～8小时。其中，第一阶段需在实验室内进行，约为2小时。第一阶段如未能及时完成，各小组利用课余时间继续进行。第二阶段无须利用实验室，安排2～4小时让学生查阅资料，进行小组讨论，形成文字报告。第三阶段在实验室内进行。

五、实训时间

6~8课时。

六、实训成绩评定

实训成绩按优秀、良好、中等、及格、不及格5个等级评定。

实训成绩评定参考准则：

①是否根据企业的岗位类型和岗位数量正确选择职位评价方法。

②是否合理选择评价要素，每一要素的等级数量是否合适，总点数的确定是否结合了企业的特点。

③是否合理确定每一要素所占的权重，职位等级点数范围确定是否合理。

④实训小组成员分工是否合理，是否能够体现团队协作精神。

⑤能否熟练制作演示幻灯片，并自如回答现场提问。

⑥实训报告是否记录了完整的实训过程，文字是否简练、清楚，结论是否明确，收获和体会是否客观。

实训成绩评定比例：实训环节表现占50%，实训报告质量占50%。

附 录

附录1 广东轻工业进出口集团公司岗位评价体系[①]

一、广东轻工业进出口集团公司岗位评价说明

（1）岗位评价的核心是划分岗位级别，其目标是实现同工同酬。

岗位评价是对不同岗位的工作进行研究和分级的方法。工作评价关心的是岗位的分级，并不注意谁去做这项工作或谁在做这项工作。

岗位评价作为一种解决工资分配问题的公正方法，是确定合理的工资差别或奖金差别的基础。岗位评价的核心是对各种不同的工作，按照岗位在整体工作中的相对价值，来确定不同岗位的等级，其目标是实现同工同酬，即完成同等价值的工作，支付等量的报酬。

（2）岗位评价的实质是把提供不同使用价值的产品或服务的具体劳动还原为抽象劳动，进而使各种具体劳动之间可以相互比较，以确定各个岗位在组织中的相对价值。

---

① 佚名. 广东轻工业进出口集团公司岗位评价体系［EB/OL］.［2020-04-18］. https://doc.mbalib.com/view/2d144d491f03aa0f1178c0b32f7b69ca.html.

　　岗位评价提供了这样一种技术，它把生产不同使用价值的产品或提供不同具体服务的各种不同形式的、不可以拿来直接相互比较的具体劳动，通过还原为抽象劳动，使它们可以相互比较。具体办法是，首先把各种劳动统统分解为劳动的四大基本要素，再把四大要素分解为若干子因素，用统一的衡量标准对各个子因素分级、配点；然后，用事先确定的衡量标准，评定每一岗位各个子因素的级数，并得出相应的点数；最后，把每个岗位所有子因素的评定点数加总，得出每一岗位的总点数。

　　当所有岗位的总点数得出以后，就可以根据每一岗位点数的多少，度量出每一岗位在一个组织中的相对位置或相对价值。

　　（3）计点法是岗位评价诸方法中科学性最高的一种方法。

　　岗位评价可以采取不同的方法。目前，岗位评价可以采用排列法、分类法、要素比较法、要素分级计点法四种方法。其中要素计点法是数量化的评价方法，在诸多评价方法中，是科学性程度最高的一种。

　　本"岗位评价体系"就是为广东轻工业进出口集团公司进行岗位评价而专门设计的。

　　（4）公司岗位评价体系的结构。

　　公司岗位评价体系把岗位劳动对人的要求划分为四大要素，在四大要素的基础上，又进一步分解为14个子因素，每个子因素再细分为2～6个等级，并分别一一定义和配点。

　　二、广东轻工业进出口集团公司岗位评价要素、子因素、分级、分级定义及配点

　　具体的评价要素、子因素、分级及配点见表2-2。

表2-2　　　　　　　　　　**岗位评价要素、子因素、分级及配点表**

要素	配点	权重（%）	子因素	一	二	三	四	五	六
工作智能	350	35	1.学历	20	40	60	80		
			2.经验	20	40	60	80	100	
			3.专业技能	15	30	45	60	75	90
			4.主动性及创造性	16	32	48	64	80	
工作责任	400	40	5.经营效益责任	30	60	90	120		
			6.对他人管理的责任	15	30	45	60	75	90
			7.开拓发展责任	20	40	60	80	100	
			8.质量管理责任	10	20	30	40	50	
			9.企业文化建设责任	8	16	24	32	40	
工作强度	200	20	10.脑力强度	20	40	60	80	100	
			11.工作负荷率	10	20	30	40	50	
			12.心理压力	10	20	30	40	50	
工作环境	50	5	13.工作场所	15	30				
			14.潜在危险性	5	10	20			

　　备注：在岗位评价中，如果认为某岗位某个因素处于两个等级之间，则可增加副级或档次，并可酌情给予点数。

三、广东轻工业进出口集团公司岗位评价要素分级配点说明

1.工作智能

（1）学历。

本因素衡量顺利履行工作职责所要求的最低文化水平，以及职工自学校或职业培训机构而不是实际工作中所获得的学历水平。学历分级配点说明见表2-3。

表2-3　　　　　　　　　　学历分级配点说明

分级	分级定义	点数
一	高中（中专）	20
二	大学专科	40
三	大学本科	60
四	研究生及以上	80

（2）经验。

本因素衡量工作在达到基本要求后，为获得并熟练掌握本岗位（专业）工作的技巧以达到胜任本岗位工作的要求而所需要的实际工作经历时间，其中包括开始工作时的见习时间，以及从事相关工作的时间，但不包括在学校内的职业培训时间。经验分级配点说明见表2-4。

表2-4　　　　　　　　　　经验分级配点说明

分级	分级定义	点数
一	一年以下	20
二	1至3年	40
三	3至5年	60
四	5至8年	80
五	8年以上	100

（3）专业技能。

本因素衡量岗位任职人员在经营管理、计划、政策水平、分析判断等方面应达到的专业技术水平。专业技能分级配点说明见表2-5。

（4）主动性及创造性。

本因素衡量工作本身所要求的判断、决定、计划、活动能力，以及所需要的智能程度。主动性及创造性分级配点说明见表2-6。

2.工作责任

（1）经营效益责任。

本因素衡量如果任职岗位发生工作失误，或者工作不达标准，对本公司经济效益所造成的直接和间接损失。经济效益损失的大小以销售成本、创汇额、利润额或其他不良经济后果来衡量。经营效益责任分级配点说明见表2-7。

表2-5   **专业技能分级配点说明**

分级	分级定义	点数
一	了解本专业工作内容，照章办事，具有完成一般辅助性工作的能力	15
二	了解和初步掌握本专业工作内容及与本专业有关的政策规定，具有简单的分析判断能力和能完成一般性技术管理工作	30
三	熟悉本专业工作内容和政策规定，有一定分析判断能力，能够独立解决处理本专业范围内的问题，受过培训，能独立承担本专业中一般项目的设计、技术、经营管理工作，能完成一般性工作总结报告；借助字典，能阅读一般的专业外语资料	45
四	熟悉本专业工作内容和政策规定，具有一定的综合分析和独立判断及解决本专业较为复杂问题的能力，受过一定的培训，有一定的工作经验和开拓能力，能独立承担本部门或本专业较复杂的研究、设计及经营项目，能撰写一定水平的总结、报告；借助字典，能阅读一般的专业外语资料	60
五	有较高的政策（技术）业务水平和综合、独立判断和解决处理本专业复杂问题的能力，受过系统的培训，有较丰富的工作经验，具有较强的开拓能力，能够独立主持或组织本部门、本专业内的重大项目的研究和设计，能够撰写较高水平的总结、报告；能阅读、看懂专业外语资料	75
六	精通本专业，具有解决重大、疑难问题和全面主持工作的组织能力，受过全面系统的培训，有丰富的工作经验，具有很强的开拓能力，能独立承担集团公司的重点研究课题和特大工程技术项目设计，有较强的综合分析和独创能力，精通一门专业外语	90

表2-6   **主动性及创造性分级配点说明**

分级	分级定义	点数
一	要求具有较低的主动性及创造性：仅需按照简单的规定行事，具有对简单事项作出决断的能力	16
二	要求具有中等以下水平的主动性及创造性：能够按照若干具体规程行事，具有一般的判断能力和决断能力	32
三	要求具有中等水平的主动性及创造性：工作上具有作出一定规划的能力，具有确保工作正常运转和服务质量的一般决断能力	48
四	要求具有中等以上水平的主动性及创造性：工作上经常需要对非常规的困难工作进行决断，具有较高的规划能力	64
五	要求具有较高的主动性及创造性：需要突出的工作能力和高度的规划性，对涉及面很广、很复杂的问题进行主动机智的处理	80

表 2-7 经营效益责任分级配点说明

分级	分级定义	评分
一	对公司最终产品的销售成本及企业经济效益影响较小	30
二	对公司最终产品的销售成本及企业经济效益影响不大	60
三	对公司最终产品的销售成本及企业经济效益影响较大	90
四	对公司最终产品的销售成本及企业经济效益影响很大	120

（2）对他人管理的责任。

本因素衡量岗位任职人员在正常权限范围内，对他人工作进行监督、指导、帮助的责任。其责任的大小，根据所监督指导人员的数量和层次进行判断。对他人管理的责任分级配点说明见表 2-8。

表 2-8 对他人管理的责任分级配点说明

分级	分级定义	点数
一	在别人指导监督下工作，只对本人工作负责	15
二	担任主管、副主管职务，并负有指导他人工作责任	30
三	担任部门副职领导职务，负有中等指导监督责任	45
四	担任部门正职领导职务，负有中等以上指导监督责任	60
五	担任公司高层副职领导职务，负有重要领导监督责任	75
六	担任公司高层正职领导职务，负有全面领导监督责任	90

（3）开拓发展责任。

本因素衡量岗位要求任职人员对公司的持续发展在开发新的产品、拓展市场、项目投资、管理创新等方面所应承担的开拓发展责任。开拓发展责任分级配点说明见表 2-9。

表 2-9 开拓发展责任分级配点说明

分级	分级定义	点数
一	岗位要求对公司的发展负有较小责任	20
二	岗位要求负有一定责任	40
三	岗位要求负有较大责任	60
四	岗位要求在主要方面负有重要责任	80
五	岗位要求负有全面责任	100

（4）质量管理责任。

本要素衡量岗位要求任职人员对保证贯彻落实公司质量方针所承担的责任。质量管理责任分级配点说明见表 2-10。

表2-10   质量管理责任分级配点说明

分级	分级定义	点数
一	岗位要求对贯彻公司质量方针负有较小责任	10
二	岗位要求对贯彻公司质量方针负有一定责任	20
三	岗位要求对贯彻公司质量方针负有较大责任	30
四	岗位要求对贯彻公司质量方针在主要方面负有重要责任	40
五	岗位要求对贯彻公司质量方针负有全面责任	50

（5）企业文化建设责任。

本要素衡量岗位要求任职人员对公司精神文明的建设和企业文化建设所应承担的责任。企业文化建设责任分级配点说明见表2-11。

表2-11   企业文化建设责任分级配点说明

分级	分级定义	点数
一	岗位要求对企业文化建设负有较小责任	8
二	岗位要求对企业文化建设负有一定责任	16
三	岗位要求对企业文化建设负有较大责任	24
四	岗位要求对企业文化建设在主要方面负有重要责任	32
五	岗位要求对企业文化建设负有全面责任	40

3.工作强度

（1）脑力强度。

本因素衡量工作上所需要的脑力，即在进行本岗位工作时需要的思想集中程度。脑力强度分级配点说明见表2-12。

表2-12   脑力强度分级配点说明

分级	分级定义	点数
一	需要较低的脑力：在从事本岗位工作时，工作节奏可以自由调节和掌握，需要较少的脑力	20
二	需要初等程度的脑力：在从事本岗位工作时，需要集中脑力	40
三	需要中等程度的脑力：在从事本岗位工作时，需要经常保持思想集中和运用脑力	60
四	需要中等程度以上的脑力：在从事本岗位工作时，需要持续地使用脑力	80
五	需要高强度的脑力：在从事本岗位工作时，需要高强度的脑力思考，并具有远见性和计划性	100

（2）工作负荷率。

本因素衡量完成本岗位工作对日常确定性工作和非确定性工作所需要的纯劳动时间占制度工作时间的比率。在计算纯劳动时间时，对工作均衡的岗位，可以以工作日为单位评估；对工作不均衡的部门或岗位，可以以月、季或年为周期评估。工作负荷率分级配点说明见表2-13。

表2-13　　　　　　　　　　　**工作负荷率分级配点说明**

分级	分级定义	点数
一	工作负荷率60%以下，纯劳动时间在5小时以下	10
二	工作负荷率61%~70%，纯劳动时间在5~5.5小时之间	20
三	工作负荷率71%~80%，纯劳动时间在5.6~6.4小时之间	30
四	工作负荷率81%~90%，纯劳动时间在6.5~7.2小时之间	40
五	工作负荷率91%以上，纯劳动时间在7.3小时以上，甚至需要经常加班加点	50

（3）心理压力。

本因素衡量在完成本岗位所承担的任务时，由于工作范围、工作节奏、责任大小、时间要求等方面的综合因素对岗位任职人员所造成的心理紧张程度和心理压力。心理压力分级配点说明见表2-14。

表2-14　　　　　　　　　　　**心理压力分级配点说明**

分级	分级定义	点数
一	很小的心理压力：工作单一，不需要或很少作出决定，工作常规化	10
二	较小的心理压力：工作较为单一，很少作出决定，工作节奏有一定要求	20
三	中等程度的心理压力：工作有较快节奏的要求，需要作出一些决定，需要处理一些应急性事宜	30
四	中上等程度的心理压力：工作任务多样，较为繁重，要求经常地迅速作出决定，上下班时间难以正常实现，经常需要处理一些非常规的问题	40
五	很大的心理压力：经常迅速地作出决定，工作很繁重、很紧张，以致在工作时间之外仍要继续考虑某些深层次的问题	50

4.工作环境

（1）工作场所。

本因素衡量工作区域的环境情况，包括闷热、寒冷、潮湿、噪音、震动、污垢、尘埃、油腻、烟灰等含量，露天工作时间以及工作的流动性。工作场所分级配点说明见表2-15。

表2-15　　　　　　　　　　　　　**工作场所分级配点说明**

分级	分级定义	点数
一	工作场所固定，没有污染：工作环境好	15
二	工作场所不固定，经常出差	30

（2）潜在危险性。

本因素衡量工作中执行政策或按照原则处理人事事务，可能遭人误解或报复而招致的中伤或人身危险。潜在危险性分级配点说明见表2-16。

表2-16　　　　　　　　　　　　**潜在危险性分级配点说明**

分级	分级定义	点数
一	没有：不直接处理人事问题，没有发生潜在被人中伤或人身伤害的危险性	5
二	较小：直接处理一些人事问题，但涉及的数量较少，因而发生潜在被人中伤或人身伤害的危险性较小	10
三	较大：直接处理人事问题，且大量而频繁，因而发生潜在被人中伤或人身伤害的危险性较大	20

附录2　岗位评价设计方案
——TG股份有限公司基层员工岗位评价

TG股份有限公司是一家经营范围涉及道路普通货物运输、危险货物运输、大型物件运输，铁路、公路货运信息代理，装卸、搬运服务，国内劳务输出，国际货运代理，物流园管理服务、仓储服务，货运信息、商务信息咨询，货物及技术的进出口业务，化工原料、矿产品、化肥、建材的销售，工程机械租赁、房屋租赁等内容的大型物流企业。公司注册资金5 600万元。TG股份有限公司共有基层员工116人，主要分布在包含公司的技术岗位族、服务岗位族、市场销售岗位族、财务岗位族在内的13个部门。

一、岗位分类

根据TG公司的具体情况，对现有的两种岗位类别进行重新梳理，按照工作性质相近的原则将公司的基层员工划分为四个岗位族，即技术岗位族、服务岗位族、市场销售岗位族、财务岗位族，见表2-17。

表2-17　　　　　　　　　　　　　　**岗位分类表**

岗位类别	具体岗位
技术岗位族	网络工程部，数据业务中心，软件工程师，各部门质检人员，统计分析人员
服务岗位族	各部门工人岗位，监管员，客户服务中心、大客户服务部服务人员，后勤人员，调度员，统计员
市场销售岗位族	营销岗位，直销岗位，区域销售岗位，采购人员，市场信息收集人员，内勤人员
财务岗位族	核算会计，综合会计，资金结算会计，成本管理会计，出纳员

二、岗位评价

岗位评价主要采用要素计点法，实施步骤如下：

步骤一，确定职位报酬要素（知识与技能、责任、劳动强度、工作条件）。

步骤二，划分并描述要素等级。

步骤三，赋予报酬要素分值。

步骤四，将所有被评价岗位按点数高低排序，建立职位等级结构。

选取报酬要素并进行划分，见表2-18。

表2-18 报酬要素划分表

一级要素	二级要素	一级要素	二级要素
知识与技能 40%	1.最低学历要求	责任 40%	1.工作复杂性
	2.知识范围		2.工作方法
	3.能力要求		3.协调沟通
	4.工作经验		4.责任轻重
劳动强度 10%	1.工作压力	工作条件 10%	1.工作环境特征
	2.工作时间特征		2.潜在危险性

设定一级要素的总点数为1 000点，然后划分并描述要素等级。

知识与技能的要素定义和等级划分见表2-19。

表2-19 知识与技能的要素定义和等级划分

1.要素名称：最低学历要求（10%）

要素定义：指履行工作职责所要求的最低学历要求，其判断的基准是国民教育水平

等级界限说明和评分标准

1	高中毕业和中专	30
2	大学专科	60
3	大学本科	100
4	硕士研究生	180

2.要素名称：知识范围（15%）

要素定义：处理本职位工作所需要的知识范围，判断基准在于广博而不在于精深

等级界限说明和评分标准

1	日常工作知识，上岗前不需要进行培训	5
2	基本的工作规则和操作知识，上岗前需要经过短期和系统的培训	20
3	必须有一定的专业知识，或需要积累较多的实践经验	40

3.要素名称：能力要求（8%）

要素定义：指工作对于任职者各种心理层次上的能力的要求，例如人际关系能力、分析判断能力、创新能力等，以能力的种类和程度进行判断

等级界限说明和评分标准

1	需要一般的能力，达到平均水平即可	15
2	需要较强的能力	30
3	需要多种能力，其中几种较为突出	90
4	需要较为全面的能力，并且十分突出	180

4.要素名称：工作经验（7%）

要素定义：指工作要达到基本要求，还必须有某种必须随着经验不断积累才能掌握的技巧，判断基准是掌握这种技巧所花费的时间

等级界限说明和评分标准

1	1~3年（含1年）	40
2	3~5年（含3年）	80
3	5~8年（含5年）	160
4	8年以上	240

责任的要素定义和等级划分见表2-20。

表2-20　　　　　　　　　　责任的要素定义和等级划分

1.要素名称：工作复杂性（10%）

要素定义：反映该职位工作任务的单一性和多样性情况，通常以任务的数量、复杂性、变动性来反映

等级界限说明和评分标准

1	有一定的但是较为简单的方法和程序，需要一定的经验和培训，工作较为固定	40
2	经常遇到不确定的情况，需要按照较为复杂的规则进行处理	80
3	工作中接触的人、物、事件较多，需要主动探索解决办法	160

2.要素名称：工作方法（5%）

要素定义：指完成本职位工作任务的程序和方式的相似程度

等级界限说明和评分标准

1	完全相同，按照固定的规则进行	30
2	一半相同，需要发挥一定的主观能动性	60

3	大部分不同	120

3.要素名称：协调沟通（15%）

要素定义：指该职位与内外部往来时所要求和体现的目的

等级界限说明和评分标准

1	与外部政府机构、团体进行沟通联系，办理相关手续	30
2	与公司各级人员沟通协调，寻求工作上的支持与配合	60
3	对外，出席重要场合的重大活动；对内，制定决策，协调全公司的活动	180

4.要素名称：责任轻重（10%）

要素定义：指本职位所从事的工作中如不小心出现失误，在其职权范围内和对其他相关事物的影响程度和范围

等级界限说明和评分标准

1	工作失误，可能会给本部门造成一定的影响	20
2	工作失误，可能会给本部门造成较严重影响	60
3	工作失误，可能会给公司造成较为严重的影响	120

劳动强度的要素定义和等级划分见表2-21。

表2-21　　　　　　劳动强度的要素定义和等级划分

1.要素名称：工作压力（5%）

要素定义：指工作节奏、时限、工作量、注意转移程度和工作所需的对细节的重视而引起的工作压力

等级界限说明和评分标准

1	从事程序性工作，心理压力较小	30
2	脑力支出较多，工作中常出现不可控因素，心理压力较大	60
3	需要付出的脑力劳动强度大，不可控因素多，心理压力大	110

2.要素名称：工作时间特征（5%）

要素定义：指工作要求的特定起止时间

等级界限说明和评分标准

1	按正常时间上下班	30
2	有些时候工作要求不得不早到迟退或者周末加班	80
3	工作时间根据工作的具体情况而定，自己无法控制	150

工作条件的要素定义和等级划分见表2-22。

表2-22　　　　　　　　**工作条件的要素定义和等级划分**

1.要素名称：工作环境特征（5%）

要素定义：指工作时环境对任职者身体、心理健康影响的程度

等级界限说明和评分标准

1	80%以上的时间在室内办公，环境舒适，无特别不良感觉	20
2	工作需要外出，有时感觉环境较不舒适	80
3	经常外出，且在途时间长，有时感觉环境极不舒适，或者从事户外工作，环境因素对人体有一定的损害	150

2.要素名称：潜在危险性（5%）

要素定义：衡量工作中执行政策或按照原则处理人事事务，可能遭人误解或报复而招致的中伤或人身危险

等级界限说明和评分标准

1	没有：不直接处理人事问题，没有发生潜在被人中伤或人身伤害的危险性	20
2	较小：直接处理一些人事问题，但涉及的数量较少，因而发生潜在被人中伤或人身伤害的危险性较小	80
3	较大：直接处理人事问题，且大量而频繁，因而发生潜在被人中伤或人身伤害的危险性较大	150

岗位评估要素及其点数确定后，就可以给各个岗位进行分数评定工作了，见表2-23至表2-26。

表2-23　　　　　　　　**技术岗位点数表**

岗位名称	点数	岗位名称	点数
网络工程部高级技术人员	835	营业厅技术支撑人员	508
网络工程部中级技术人员	681	大客户中心技术支持人员	508
质量监督技术人员	675	客户服务中心质检员	501
网络工程部初级技术人员	535	系统分析人员	495
市场情报分析人员	530	报表分析人员	468
工程监控人员	521	网络维护员	446
客户服务中心技术支撑人员	508		

表 2-24   **服务岗位点数表**

岗位名称	点数	岗位名称	点数
综合管理员	467	大客户中心业务支撑人员	347
客户服务中心投诉处理员	456	人力资源部服务工作人员	341
客户服务中心内训师	445	文秘专员	326
营业厅服务人员	400	调度员	315
企业宣传员	395	监管员	313
客服中心1860话务员	374	司机	303
后勤管理人员	360	保安	174
综合部服务人员	350		

表 2-25   **市场销售岗位点数表**

岗位名称	点数	岗位名称	点数
销售专员	390	市场信息收集员	405
区域销售代表	385	内勤人员	295
采购人员	365		

表 2-26   **财务岗位点数表**

岗位名称	点数	岗位名称	点数
核算会计	488	资金结算会计	312
综合会计	381	出纳人员	140
材料成本会计岗位	366		

实训三　薪酬调查方案设计

一、实训目的

通过薪酬调查方案的设计，熟练掌握薪酬调查的流程、方法，认识薪酬调查在薪酬结构设计中的作用，掌握薪酬调查中的难点和现实情况。

二、基本知识要点

1.薪酬调查的含义

薪酬调查是指通过一系列标准、规范和专业的方法，对市场上各职位进行分类、汇总和统计分析，形成能够客观反映市场薪酬现状的调查报告，为企业提供薪酬设计方面的决策依据及参考。薪酬调查是薪酬设计中的重要组成部分，是解决薪酬管理中外部公平性问题的基础工具，能够帮助企业达到个性化和有针对性地设计薪酬的目的。通过实施市场薪酬调查，企业可以根据调查结果结合自己的战略来设计和调整薪酬水平、薪酬结构、薪酬体系、薪酬管理政策等内容。

2.薪酬调查的目的

企业进行市场薪酬调查的目的，主要是了解市场薪酬水平及其动态，保持企业薪酬分配的对外竞争力，做到外部公平。具体来说，薪酬调查的目的有：

（1）调整薪酬水平；

（2）调整薪酬结构；

（3）整合薪酬要素；

（4）估计竞争对手的劳动力成本；

（5）了解其他企业薪酬管理实践的发展和变化趋势；

（6）促进薪酬审计。

3.薪酬调查的内容

薪酬调查的内容包括：

（1）了解企业所在同行业的工资水平；

（2）了解企业所在地区的工资水平；

（3）调查企业的工资结构；

（4）查找企业内部工资不合理岗位；

（5）了解工资动态与发展潮流。

4.薪酬调查的方法

当前，对于企业来说，薪酬调查一般有两种方法：一种是自己组织进行调查；另一种是把自己的需求提交给外部专业薪酬调查公司，委托他们完成调查。自己进行薪酬调查可以节省成本，调查结果可能更符合自己的要求，但可能由于缺乏专业调查技术人才，导致调查结果难以令人满意。委托外部专业薪酬调查公司进行调查，在掌握竞争对手的真实性信息方面具有一定的优势，但可能花费较高，且调查结果未必能满足公司的实际需求。

5.薪酬调查的程序

（1）根据需要审查已有的薪酬调查数据，确定调查的必要性。

如果企业现有的薪酬调查数据已经能够满足企业的要求，就没有必要再进行市场薪酬调查。如果现有的薪酬信息和数据难以满足企业的需要，那么就需要考虑下一步应该如何来开展薪酬调查，是自己组织进行调查还是委托第三方或是与第三方合作共同进行薪酬调查。

（2）确定需要进行调查的职位和层次。

在确定进行薪酬调查之后，需要明确的就是要对哪些层次的何种职位进行调查，是要调查某些类型的职位，还是要调查所有类型的职位。在确定了要调查的职位范围之后，调查企业还需要进一步明确在调查中使用的典型职位，因为限于调查的时间和费用，一般不会对全部的职位开展薪酬调查。另外，在选定被调查职位时，调查者必须提供最新的总体职位描述，同时，所采用的职位名称也应当是比较标准或通常被使用的职位名称。

（3）界定劳动力市场范围，确定调查目标。

企业相关劳动力市场的划分需要从3个维度进行考察，分别是职业划分、地理划分、行业／产品市场。在确定调查的市场范围时，一般是先确定调查哪些职位，然后确定不同的职位类别在地理范围与产品市场上的交叉，进而形成相关的劳动力市场定位。调查企业数目可根据企业人力、物力、财力、时间及目的的不同而有所不同，通常需要调查至少10家企业。

可供选择调查的企业主要有5类：①同行业中同类型其他企业；②其他行业中有相似岗位或工作的企业；③与本企业雇用同一类劳动力，可构成人力资源竞争对手的企业；④本地区在同一劳动力市场上招聘员工的企业；⑤经营策略、信誉、报酬水平和工作环境均合乎一般标准的企业。

（4）确定需要进行调查的薪酬信息。

需要进行调查的薪酬信息主要有：①组织与工作信息，包括组织规模、财务信息、人员结构、市场份额等；②薪酬战略信息，包括薪酬战略目标、薪酬政策等；③与薪酬水平及薪酬结构有关的信息；④薪酬体系的其他信息，如薪酬等级结构、薪酬要素组织、薪酬管理方式等。

（5）设计薪酬调查问卷并实施调查。

设计薪酬调查问卷应考虑以下几方面的信息：被调查企业的组织信息、薪酬战略信息、薪酬水平信息、薪酬结构方面的信息、职位权限范围方面的信息、任职者及其任职岗位的一些信息、其他信息。

设计调查问卷时需要注意以下问题：①每个问题只提问一个信息，并要为回答者留出足够的书写空间；②调查问卷要尽量简单明了，要使被调查者容易理解和回答；③在关键字和关键句下面画横线或加粗；④在问卷的结尾留下开放式问题；⑤提供调查者的联系方式，以便被调查者有疑问时可以及时与调查者联系。

（6）核查调查信息。

在调查问卷被回收以后，调查者首先要做的就是对每份调查问卷进行分析，判断该份问卷是不是有效问卷以及每个数据是否可用。

（7）统计分析调查数据。

薪酬调查中进行统计分析的常用方法主要有以下几种：

①频度分析：是指将得到的与某一职位相对应的所有薪酬调查数据从低到高排列，然后看落入每一薪酬范围之内的公司的数目。

②趋中趋势分析：具体又可分为简单平均数、加权平均数（以目标公司中从事该职位的员工人数作为权重）、中位数三种分析方法。

③离散分析：包括标准差分析和四分位／百分位分析。

④回归分析：一般可用回归分析来分析两个或多个变量之间的相关关系，并可以用得到的函数关系式进行预测。

（8）形成薪酬调查分析报告。

薪酬调查数据分析完之后，一般还要将最后的分析结果进行整理，并编写薪酬调查分析报告。

薪酬调查流程如图3-1所示。

确定薪酬调查必要性

确定需要调查的职位和层次

界定劳动力市场范畴，确定调查目标

确定需要调查的薪酬信息

设计薪酬调查问卷并实施调查

核查调查信息

统计分析调查数据

形成薪酬调查分析报告

图3-1　薪酬调查流程

三、实训内容与要求

为资料获取和调查的便利，要求学生选定当地的某一行业，如房地产业和保险业，进行行业薪酬调查方案的设计，并设计薪酬调查问卷。

四、实训组织与步骤

第一阶段：实训准备阶段

结合薪酬调查步骤，进行资料的收集并进行企业调研。该阶段任务在课后业余时间完成。

第二阶段：实训实施阶段

设计薪酬调查方案和薪酬调查问卷，制作演示用的幻灯片。该阶段需要两小时，学生需要通过资料查阅、小组讨论进行。

第三阶段：评估演示阶段

演示评估方案的产生、结果和可能存在的问题，接受其他组的质疑。该阶段在教室内进行。要求学生能够熟练使用现代办公设备，提高实训报告的演示效果。

五、实训时间

4课时。

六、实训成绩评定

实训成绩按优秀、良好、中等、及格、不及格5个等级评定。

成绩评定参考准则：

①是否准确把握薪酬调查目的，是否清晰列明需要进行调查的职类、职种和层次。

②是否合理确定调查的区域范围和企业数量，拟调查的薪酬信息是否能满足案例公司的需要。

③是否掌握薪酬调查问卷的设计要领，设计的薪酬调查问卷结构是否合理，问题表达是否清晰准确。

④实训小组成员分工是否合理，是否能够体现团队协作精神。

⑤能否熟练制作演示幻灯片，并自如回答演示现场提问。

⑥实训报告是否记录了完整的实训过程，文字是否简练、清楚，结论是否明确，收获和体会是否客观。

实训成绩评定比例：实训环节表现占70%，实训报告质量占30%。

附 录

附录1 薪酬市场调查问卷①

一、员工基本情况

姓名		年龄		性别		司龄	
所在部门		职务		学历		参与调查日期	

二、企业资料

简述贵公司的主要产品或服务				
企业成立时间		企业所属行业		企业员工人数	

三、薪酬状况

1.您目前年薪

□1万~2万元（含）　□2万~3万元（含）　□3万~5万元（含）　□5万~10万元（含）

□10万元以上

2.您的薪资构成

薪资构成项目	所占总薪资比重
□ 基本工资	_____%
□ 岗位工资	_____%
□ 绩效工资	_____%
□ 奖金	_____%
□ 津贴	_____%
□ 其他	_____%

3.您认为薪酬构成中浮动部分占总收入的比例为_____%时最合适

---

① 佚名. 薪酬市场调查问卷［EB/OL］.［2020-04-18］. https://doc.mbalib.com/view/2fb343085233b498bba636fba7f6f978.html.

4.薪酬增长与结构调整

（1）在过去一年中，企业给员工平均加薪幅度达_____%

（2）在过去一年中，薪酬结构是否有所调整，若是，调整后的薪酬结构为_____

_____

5.福利待遇

（1）体检

新员工入职时企业是否提供健康检查	□ 是　　　□ 否
企业每天是否定期为员工提供健康检查	□ 是　　　□ 否

（2）"五险一金"

养老保险	每月交纳（　　）元
医疗保险	每月交纳（　　）元
失业保险	每月交纳（　　）元
工伤保险	每月交纳（　　）元
生育保险	每月交纳（　　）元
住房公积金	每月交纳（　　）元
意外伤害保险	□ 有　　　□ 无
重大疾病保险	□ 有　　　□ 无

（3）假期

年假	每年享有年假_____天
国家法定假日	□按法定假日放假且为有薪假期　□按法定假日放假但为无薪假期 □不按国家法定假日放假

除了国家法定的假日外，公司是否还提供其他节假日，若有请在下方注明：

_____

6.您觉得您所在企业的薪酬水平在同行业中处于何种地位

□ 较低　　　　□ 中等　　　　□ 偏高

7.您对目前的薪酬是否满意

□ 不满意　　　□ 一般　　　　□ 满意

非常感谢您的合作，祝您工作愉快！

附录2 2016年邦泰物业公司薪酬调查分析报告^①

一、薪酬调查的目的

为了对物业行业的薪酬水平有一个全面且客观的了解，通过对同地区、同行业薪酬水平的调研分析，旨在配合公司的战略并帮助公司在行业中进行准确的薪酬定位，帮助公司在与竞争对手竞争的过程中有取得优秀人才的优势。

二、调查对象

调查对象主要集中为成都、乐山、内江、宜宾、广元、西昌、眉山等地含有地产背景的一级、二级资质的物业企业。

三、调查范围及内容

1.薪酬水平分析

（1）成都地区薪酬水平。

2016年成都人均工资水平为4 790元，与2014年相比增长9.61%。成都地区2016年工资水平分布见表3-1。

表3-1　　　　　　　　　2016年成都地区工资水平分布

工资水平	2 000元以下	2 000～3 000元	3 000～4 500元	4 500～6 000元	6 000～8 000元	8 000～10 000元	10 000～15 000元	20 000～30 000元
所占比例	4.40%	25.60%	19.20%	21.40%	13.50%	6.10%	5.90%	2.10%

（2）成都地区物业公司项目经理薪酬水平。

成都地区物业公司项目经理薪酬水平见表3-2。对成都地区各物业公司（具有一级、二级资质）的项目经理薪酬进行比较分析发现，蓝光嘉宝、金科物业、同森物业项目经理在所有被调查的成都7个物业公司中，薪酬水平排名为前三位。同时，蓝光宝嘉的项目经理的薪酬水平最高，最高值达到18 000元，居于成都地区所有物业公司的第一位。而邦泰物业项目经理的岗位平均薪酬最低，仅为5 800元，在所有同行业同资质的物业公司中，排名最低。

表3-2　　　　　　2016年成都地区物业公司项目经理薪酬水平

公司名称	职务	低值	高值
蓝光嘉宝	项目经理	10 000	18 000
置信合达	项目经理	6 000	9 000
同森物业	项目经理	6 500	12 000
麓山国际	项目经理	4 500	6 500
明宇物业	项目经理	9 000	—
金科物业	项目经理	8 000	15 000
邦泰物业	项目经理	5 600	5 800

① 佚名. 2016年上半年物业公司薪酬调查报告［EB/OL］.［2020-04-18］. https://doc.mbalib.com/view/030b60422c04c2dcf8ac8c24e0772215.html.

（3）四川省物业公司项目经理薪酬水平。

四川省物业公司项目经理薪酬水平见表3-3。在被调查的四川省五个城市中，宜宾地区物业公司项目经理的平均工资最高，最高值达到10 000元。同时，内江、乐山、广元、西昌等地区物业公司项目经理的平均工资虽然没有宜宾地区高，但也明显高于邦泰物业公司项目经理的岗位平均薪酬，即邦泰物业公司项目经理的岗位薪酬水平不仅在成都地区缺乏竞争力，就算是在整个四川省竞争力也明显不足，在吸纳优秀人才的竞争中优势不明显。

表3-3　　　　　　　　2016年四川省物业公司项目经理薪酬水平

地区	职务	低值	高值
成都（邦泰物业）	项目经理	5 600	5 800
乐山	项目经理	4 300	7 500
宜宾	项目经理	5 000	10 000
内江	项目经理	6 000	8 000
广元	项目经理	7 000	8 000
西昌	项目经理	6 000	8 000

2.福利水平分析

进一步调查分析成都地区各物业公司的福利水平，结果见表3-4。根据表3-4的调查结果，各物业公司虽然制度有所差异，员工福利的发放形式也不尽相同，但总体来看，均包括年终奖、节日费、生日费以及防暑降温费等几种形式。然而，就员工福利发放的力度来看，邦泰物业与成都地区其他几个物业公司相比差距不大，处于中等偏上水平，不具有明显优势。

表3-4　　　　　　　　　　2016年成都地区物业公司员工福利水平

公司名称	年终奖	节日费 （全年合计）	生日费 （全年合计）	防暑降温费 （全年合计）
邦泰物业	1个月	3 000	100	600
麓山国际	1个月	2 000	100	200
同森物业	1个月	2 000	200	600
置信合达	1个月	3 000	100	600
蓝光嘉宝	1个月	700	100	150

四、薪酬建议

根据成都地区及四川省物业公司薪酬水平调查结果，邦泰物业公司在劳动力市场上，无论是薪酬待遇还是福利保障水平均不具有竞争力，应适当提高公司员工薪酬待遇和福利保障水平，以提升公司对优秀人才的吸引能力。

实训四　职位薪酬结构设计

一、实训目的

通过该实训项目，熟悉薪酬结构设计的原理，掌握基于职位的薪酬结构设计的流程，掌握薪酬等级数量、薪酬区间和相邻薪酬等级的设计，针对具体企业的薪酬结构进行评析与优化设计。

二、基本知识要点

1.职位薪酬体系的含义

职位薪酬体系是对每个职位所要求的知识、技能、工作职责等相关维度的价值进行评估，根据评估结果将所有职位归入不同薪酬等级，每个薪酬等级包含若干综合价值相近的一组职位，然后根据市场不同类职位的薪酬水平确定每个薪酬等级的工资率，并在此基础上设定每个薪酬等级的薪酬范围。职位薪酬体系是最传统的确定员工基本薪酬的制度，以企业的工作职位为依据，其最大的特点是员工担任什么样的职位就得到什么样的薪酬，只考虑职位本身的因素，较少考虑人的因素。

2.职位薪酬体系优、缺点

职位薪酬体系优点：（1）实现了真正意义上的同工同酬，体现了按劳分配原则；（2）有利于按照职位系列进行薪酬管理，操作比较简单，管理成本低；（3）晋升与基本薪酬增加之间的连带性加大了员工提高自身技能和能力的动力。

职位薪酬体系缺点：（1）由于薪酬与职位直接挂钩，因此当员工晋升无望时，工作积极性会受挫，甚至出现消极怠工或者离职的现象；（2）由于职位相对稳定，与职位联系在一起的员工薪酬就相对稳定，不利于企业对于多变的外部环境作出迅速反应，也不利于及时激励员工。

3.职位薪酬体系设计步骤

（1）职位价值评价。职位价值评价是通过一套标准化的评价指标体系，对各职位的价值进行评价，得到各职位的评价点值。评价点值就成为决定该职位基础工资的主要依据。进行职位分析，形成职位说明书。职位说明书主要包括工作职责、业绩标准、任职资格要求、工作条件等。它是职位价值评价的基础信息。职位价值评价的方法主要包括排序法、分类法、因素比较法、计点法等。其中计点法和分类法是目前企业中运用最多的职位评价方法。

（2）薪酬调查。在职位价值评价之后，还需要对各职位进行外部市场薪酬调查，并将外部薪酬调查的结果和职位评价的结果相结合，形成各职位平均市场价值的市场薪酬线。

（3）确定公司薪酬政策。公司薪酬政策主要反映公司的薪酬水平和外部市场的薪酬水平相比较的结果。薪酬政策可以分为领先型、匹配型和拖后型。企业根据自己的薪酬政策对市场薪酬线进行修正，得到企业的薪酬线，从而将职位评价点值转化为具体的工资数目。

（4）建立薪酬结构。企业在参照各职位平均工资的基础上，根据从事相同工作员工间的绩效差异决定不同的薪酬，也就是建立起每个职位的中点工资、最高工资和最低工资，从而形成薪酬结构。

4.基于职位的基本薪酬设计

基于职位的基本薪酬设计由岗位薪酬等级、薪酬区间和相邻薪酬等级的关系三个核心要素构成，如图4-1所示。

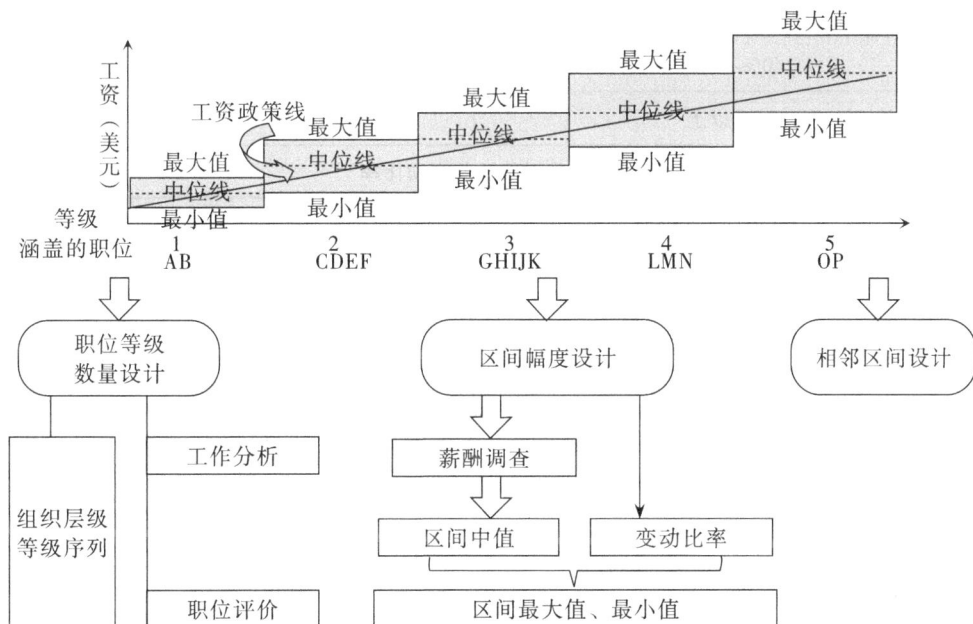

图4-1　薪酬结构图

（1）分等。

当组织中存在多种职位时，需要划分薪等。一个薪等包含价值相同或相似的若干职位。薪等的数目应该适中。在价值最大和价值最小的职位之间点数差异既定的情况下，如果划分的薪等太少，那些工作任务、责任和工作环境上差别很大的员工被支付相同的薪酬就会损害薪酬政策的内部公平性；如果划分的薪等太多，那些在本质上没有什么明显差别的职位上的员工就会得到不同的报酬，同样也会损害薪酬政策的内部公平性。设计薪等时主要考虑的因素是：①职位数量的多少；②企业的管理倾向；③企业文化。

（2）确定薪等的薪酬区间。

薪等的薪酬区间主要取决于薪酬区间的中值和变动比率两个数值。首先要确定每一薪酬等级的区间中值。在确定岗位薪酬等级的区间中值时，依据企业支付能力、外部劳动力市场劳动力供求程度和企业内岗位重要性来确定采用外部薪酬数据的水平。

薪酬变动比率通常是指同一薪酬等级内部的最高值与最低值之间的比率，但实际上变动比率是应该先确定的数值。变动比率的影响因素是：职位价值；职位层级；基本称职与非常娴熟之间的能力差距；是否实行宽带薪酬。具体设计见表4-1、表4-2。

表4-1　　　　　　　不同职位类型对薪酬变动比率设计的影响

变动比率	职位类型
20%～25%	生产、维修、服务等职位
30%～40%	办公室文员、技术工人、专家助理
40%～50%	专家、中层管理人员
50%以上	高层管理人员、高级专家

表4-2　　　　　　　不同职位层级及其变动比率

薪酬变动比率	职位层级
60%～120%	高层管理人员
35%～60%	中层管理人员
10%～25%	办公室文员

确定薪酬区间的中值和变动比率后，进而可以确定薪酬区间的最高值和最低值，最高值与最低值的具体计算公式如下：

最低值=中值÷（1+变动比率÷2）

最高值=最低值+最低值×变动比率

（3）相邻薪酬等级的关系。

在同一组织中，相邻的薪酬等级既可以设计成有交叉重叠的，也可以设计成无交叉重叠的。有交叉重叠的设计是指除了最高薪酬等级的区间最高值和最低薪酬等级的区间最低值之外，相邻薪酬等级的最高值和最低值之间往往会有一段交叉和重叠的区域。而无交叉重叠的设计又可以分为衔接式和非衔接式两种。前者是指上一个薪酬等级的薪酬区间下限与下一个薪酬等级的薪酬区间上限在同一条水平线上，后者是指上一个薪酬等级的薪酬区间下限高于下一个薪酬等级的薪酬区间上限。

三、实训内容与要求

材料一

表4-3和表4-4是两个企业的岗位薪酬等级表，诊断薪酬区间的变动比率、薪酬等级是否合理，并进行优化设计。

表4-3　　　　　　　ZH石油技术股份有限公司岗位薪酬等级表

岗级	管理岗位			专业技术岗位	1 岗位薪酬（元）	2 岗位薪酬（元）	3 岗位薪酬（元）
	公司	事业部	分部				
4	部门经理	副经理			2 800	3 080	3 360
5	高级职员（主管）	部门主任		工程师	2 160	2 520	2 800
6	高级职员（主办）	高级职员、车间队长	车间队长	助理工程师	1 620	1 890	2 160
7	中级职员（协办）	中级职员、车间副队长	车间副队长	技术员	1 400	1 510	1 620
8	初级职员（协办）	初级职员	初级职员		1 200	1 300	1 400

表4-4　　　　　　　万源公司管理人员岗位薪酬等级

薪酬层级	薪酬标准（元）	总经理	部门经理	部门副经理	办公室主任	职员
22	4 400	●				
21	4 200	●				
20	3 800	●				
19	3 600	●				
18	3 200		●			
17	3 100		●			
16	3 000		●			
15	2 800			●		
14	2 700			●		
13	2 600			●		
12	2 400				●	
11	2 300				●	
10	2 200				●	
9	2 000					●
8	1 900					●
7	1 800					●

材料二

案例企业背景：某中型电子公司是一家集电子产品销售、IT服务等业务为一体的公司，人员数量200余人。职位类型有技术类、销售类、职能类和管理类。公司设计采用基于职位的基本薪酬等级结构，运用要素计点法进行职位评价，确定管理类职系中的人力资源管理类岗位的人力资源专员、人力资源部办公室主任、人力资源部副经理、人力资源部经理的岗位等级，列出点数和等级，见表4-5。外部劳动力市场有一定工作经验的人力资源管理人员处于供不应求的状态，所以同时提供外部劳动力市场各岗位等级的具体薪酬数据，包括75百分位值、平均值和25百分位值。

通过表4-5中的数据确定每一薪酬等级的区间中值。

表4-5　　　　　　　　　　　薪酬区间中值设计表

岗位	岗位评价点数	等级	外部薪酬水平（元）		薪酬区间中值
人力资源部经理	960	四	75百分位值	12 000	
			平均值	11 000	
			25百分位值	10 000	
人力资源部副经理	910	三	75百分位值	8 900	
			平均值	8 500	
			25百分位值	7 900	
人力资源部办公室主任	800	二	75百分位值	7 500	
			平均值	6 900	
			25百分位值	6 000	
人力资源专员	750	一	75百分位值	5 800	
			平均值	5 000	
			25百分位值	4 200	

确定薪酬区间的中值和变动比率后，进而可以确定薪酬区间的最高值和最低值，见表4-6。

表4-6　　　　　　　　　　　薪酬区间的确定

岗位	等级	薪酬区间中值	变动比率	薪酬区间	
人力资源部经理	四			最高值	
				最低值	
人力资源部副经理	三			最高值	
				最低值	
人力资源部办公室主任	二			最高值	
				最低值	
人力资源专员	一			最高值	
				最低值	

四、实训组织与步骤

以小组为单位开展以下各项活动：

第一步，阅读实训材料，对公司薪酬结构进行分析、诊断。

第二步，判断公司薪酬等级的数量是否恰当。

第三步，判断薪酬结构中各等级的幅度是否合理，相邻薪酬等级重叠的部分是否合理。

第四步，对公司原有薪酬结构方案进行优化设计。

第五步，制作幻灯片和文稿并进行演示。

五、实训时间

2课时。

六、实训成绩评定

实训成绩按优秀、良好、中等、及格和不及格5个等级评定。

成绩评定参考以下准则：参与积极性；方案的质量。

实训成绩评定比例：实训环节的表现占70%，实训报告质量占30%。

附　录

奥康集团职位薪酬体系

一、集团简介

1.奥康集团概况

奥康集团是一家以皮鞋制造为主业，并涉足商贸房产、生物制品等领域，跨行业、跨区域发展的全国民营百强企业。集团前身为永嘉奥林鞋厂，创建于1988年。公司在同行业中率先通过了ISO 9001国际质量体系认证和ISO 14001环保体系认证，并成为行业中唯一的全国首批工业旅游示范点。集团公司现有员工15 000多人，拥有三大生产基地、30多条国际一流的生产流水线，年产皮鞋超千万双。在全国设立了30多个省级分公司、3 000多家连锁专卖店、800多处店中店。在意大利、西班牙、美国、日本设立了国外分公司。同时，在温州、广州及意大利米兰设立三个鞋样设计中心，每年开发出3 000多个新品种，使奥康集团产品始终走在潮流的前列。

2.奥康集团组织架构（如图4-2所示）

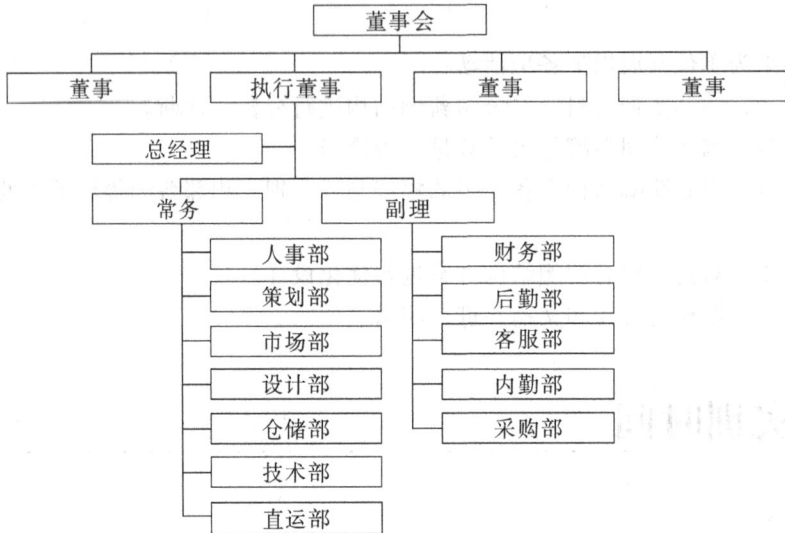

图4-2　奥康集团组织架构

二、职位描述

1.总经理

总经理职位描述见表4-7。

表4-7　　　　　　　　　　　　总经理职位描述

岗位名称	总经理		岗位编号	0001
所在部门			岗位定员	
直接上级			工资等级	一级
直接下级	业务副总经理、行政人事部经理、财务部经理、事业发展部经理		薪酬类型	
所辖人员			日期	2019年11月

领导制定和实施公司总体战略，完成上级主管部门、公司下达的年度经营目标
推进公司质量管理体系建立、运行与评审，领导公司各部门建立健全良好的沟通渠道
负责建设高效的组织团队
管理直接所属部门的工作
行使对公司经营工作全面指导、指挥、监督、管理的权力，并承担执行各项规章制度的义务

2.行政副总经理

行政副总经理职位描述见表4-8。

表4-8   **行政副总经理职位描述**

岗位名称	行政副总经理	岗位编号	0002
所在部门		岗位定员	
直接上级	总经理	工资等级	二级
直接下级	行政人事部经理	薪酬类型	
所辖人员	1个中层	日期	2019年11月

协助总经理，参与公司经营管理与决策
领导制订企业行政、人事财务、人力资源等工作的工作计划，实现工作目标
负责公司的内部管理系统正常运行
领导公司行政事务工作，保障后勤支持
领导人力资源管理工作的实施，为企业发展提供充足的人才供给和良好的人才环境

3.业务部经理

业务部经理职位描述见表4-9。

表4-9   **业务部经理职位描述**

岗位名称	业务部经理	岗位编号	0003
所在部门	业务部	岗位定员	
直接上级	业务副总经理	工资等级	三级
直接下级	业务部副经理、业务员、开票员	薪酬类型	
所辖人员		日期	2019年11月

协助业务副总经理营销战略规划，为重大营销决策提供建议和信息支持
领导部门员工完成市场调研、市场开发、市场推广、购进、销售、客户服务等工作
参与执行公司新产品推广工作
负责业务部内部的组织管理
负责工作过程中的质量管理

4.储运部经理

储运部经理职位描述见表4-10。

表4-10   **储运部经理职位描述**

岗位名称	储运部经理	岗位编号	0004
所在部门	储运部	岗位定员	
直接上级	业务副总经理	工资等级	三级
直接下级	保管员、收货员、储运员、驾驶员、电梯操作员及保洁责任人、装卸搬运工	薪酬类型	
所辖人员		日期	2019年11月

协助业务副总经理进行物流规划，为公司经营提供支持
领导部门员工完成在库商品管理、库内合理分布、设施设备维护、质量管理、货品进出库管理、货品运输管理等工作
负责质量管理工作及业务部内部的组织管理

5.行政专员

行政专员职位描述见表4-11。

表4-11　　　　　　　　　　　　　　**行政专员职位描述**

岗位名称	行政专员	岗位编号	0005
所在部门	行政人事部	岗位定员	
直接上级	行政人事部经理	工资等级	四级
直接下级		薪酬类型	
所辖人员		日期	2019年11月

协助行政人事部经理保证公司内部管理体系的完整和平稳运行

管理公司后勤服务工作

处理公司与法律相关事务和重要文件的存档和保管规划

完成行政人事部经理交办的其他任务

6.营业员

营业员职位描述见表4-12。

表4-12　　　　　　　　　　　　　　**营业员职位描述**

岗位名称	营业员	岗位编号	0006
所在部门	零售事业部	岗位定员	
直接上级	零售事业部经理、门店经理	工资等级	五级
直接下级		薪酬类型	
所辖人员		日期	2019年11月

协助门店经理提供销售、品种结构建议和信息支持

协助部门经理完成市场调研、市场开发与推广、商品调配、销售服务等工作

参与执行公司新产品推广工作及日常工作

负责工作过程中的质量管理

完成零售事业部经理、门店经理交办的其他任务

7.保安

保安职位描述见表4-13。

表4-13　　　　　　　　　　　　　　**保安职位描述**

岗位名称	保安	岗位编号	0007
所在部门	行政人事部	岗位定员	
直接上级	行政人事部经理	工资等级	五级
直接下级		薪酬类型	
所辖人员		日期	2019年11月

负责公司安全保卫工作

负责安全、消防设施设备的使用维护工作

维持公司日常生活工作次序

完成行政人事部经理交办的其他任务

三、职位评价——要素计点法

1.报酬要素定义及等级划分

报酬要素定义及等级划分见表4-14。

表4-14　　　　　　　　　　　　**报酬要素定义及等级划分**

评价内容		评分标准					权重
		5分	4分	3分	2分	1分	
业绩表现		业绩超过目标，表现杰出	业绩达到目标，表现良好	业绩未完全达到目标，表现合格	业绩与目标有一定差距，表现较差	业绩与目标有很大差距，表现不合格	40%
个人能力	技能	各方面技能非常突出	各方面技能较突出	各方面技能达到标准水平	各方面技能较弱	各方面技能弱	10%
	沟通	沟通的频率高，方法多样，目的明确，外部沟通广泛	沟通的频率高，方法简单，外部沟通广泛	沟通的频率一般，目的明确，外部沟通广泛	沟通的频率低，外部沟通不广	专注自己的工作，几乎不与别人进行沟通	10%
	自主性	自我调控能力强	自我调控能力较强	自我调控能力一般	自我调控能力较弱	自我调控能力弱	10%
相关工作经验		相关工作资历≥8年	8年＞相关工作资历≥5年	5年＞相关工作资历≥3年	3年＞相关工作资历≥2年	2年＞相关工作资历	20%
学历		硕士及以上	本科	大专	中专、高中、职高	初中及以下	10%

2.报酬要素等级点值界定

报酬要素等级点值界定见表4-15。

表4-15　　　　　　　　　　　　**报酬要素等级点值界定**

报酬要素	合计	等级				
		1	2	3	4	5
业绩表现	400	80	160	240	320	400
技能	100	20	40	60	80	100
沟通	100	20	40	60	80	100
自主性	100	20	40	60	80	100
相关工作经验	200	40	80	120	160	200
学历	100	20	40	60	80	100
总计	1 000					

3.各职位评价点数

各职位评价点数见表4-16。

表4-16　　　　　　　　　　　各职位评价点数

职位要素	业绩表现	技能	沟通	自主性	相关工作经验	学历	总点数
总经理	380	100	80	80	200	100	940
行政副总	320	77	70	77	180	100	824
业务部经理	280	66	70	60	150	80	706
储运部经理	280	66	60	70	145	80	701
行政专员	240	55	60	60	120	70	605
营业员	220	55	55	50	100	50	530
保安	200	60	50	50	100	40	500

4.职位等级界定

职位等级界定见表4-17。

表4-17　　　　　　　　　　　职位等级界定

职级	薪点范围	行政类	营销类	财务类	生产控制类	其他类
1	900以上	总经理				
2	800~900	行政副总				
3	700~799		业务部经理		储运部经理	
4	600~699	行政专员				
5	500~599		营业员			保安

四、薪酬水平的确定

薪酬水平的确定见表4-18。

表4-18　　　　　　　　　　　薪酬水平确定　　　　　　　　　　　单位：元

职级	一档	二档	三档	四档	五档	档差
	月薪	月薪	月薪	月薪	月薪	
1	4 500	5 500	6 500	7 500	8 500	1 000
2	4 000	4 500	5 000	5 500	6 000	500
3	3 000	3 250	3 500	3 750	4 000	250
4	2 500	2 650	2 800	2 950	3 100	150
5	1 200	1 350	1 500	1 650	1 800	150

实训五　技能/能力薪酬设计

一、实训目的

通过该项目实训，熟练掌握技能/能力薪酬体系的基本原理与设计方法，能够设计符合企业需要的技能/能力薪酬体系。

二、基本知识要点

1.技能薪酬体系知识要点

（1）技能薪酬体系的含义。

技能薪酬体系是一种以人为基础的基本薪酬决定体系，其含义有狭义和广义之分。狭义的技能薪酬体系通常指所从事的工作比较具体，所需技能能够被清晰界定的操作人员、技术人员以及专业职能人员的一种报酬制度。狭义的技能薪酬体系通常又可以分为深度技能薪酬体系和广度技能薪酬体系两种类型。广义的技能薪酬体系是指组织根据员工所掌握的与工作有关的技能、能力以及知识的深度和广度支付基本薪酬的一种报酬制度，包括狭义的技能薪酬体系和能力薪酬体系。

（2）技能薪酬体系的行业适用性。

近年来，技能薪酬体系被广泛应用于电信、金融、制造业及其他一些服务性行业，在全球范围内已经成为一种重要的薪酬体系。具体来说，技能薪酬体系比较适合以下行业：运用连续流程生产技术的行业，如石油、化工、冶金、造纸等行业；运用大规模生产技术的行业，如汽车及其零部件生产制造、电子计算机生产等行业；服务行业，如金融、餐饮等行业；运用单位或小批量生产计划的行业，如服装加工、食品加工等行业。

（3）技能薪酬体系的优缺点。

优点：激励员工不断掌握新的知识和技能，从而有利于员工和组织适应日益加快的技术变革和组织变革；为员工提供更多的薪酬增长机会，并有利于塑造企业的竞争优势；有利于鼓励优秀专业人才安心做好本职工作，而不是去谋求报酬尽管很高却并不擅长的管理类职位；在员工配置方面为组织提供更大的灵活性；有助于高度参与型管理风格的形成。

缺点：增加劳动力成本；在多位员工在同一岗位任职且不能同时接受技能培训的情况下，有可能导致技能的浪费或同工不同酬的现象；需要更加公平的管理环境；员工所学技能未能及时应用而失效，从而削减学习的激励效应，并导致技能薪酬的设计成本较高。

（4）技能薪酬体系设计的流程。

技能薪酬体系设计的重点在于开发一种能够使技能和基本薪酬联系在一起的薪酬计划。其基本流程是：

①建立技能薪酬体系设计小组。制订技能薪酬计划通常需要建立两个层次的组织：一是由企业高层领导组成的指导委员会；二是具体执行任务的设计小组。另外，为了更好地解决设计中可能遇到的各种技术问题，还有必要挑选出一批对工作流程非常熟悉的员工作为"主题专家"来协助设计小组开展设计工作。

②进行工作任务分析。技能薪酬体系准备支付报酬的对象，应当具有有效完成任务至关重要的技能。因此，开展技能薪酬体系设计的首要工作是详细、系统地描述所涉及的各种工作任务。如有必要，还需要将工作任务进一步分解为更小的工作要素。根据这些详细的工作任务描述，就可分析出与不同层次的绩效水平相对应的技能水平。

进行工作任务分析，通常主要包括5W1H内容，即：

- 要做什么（what）？
- 为什么做（why）？
- 由谁做（who）？
- 在哪里做（where）？
- 什么时候做（when）？
- 如何做（how）？

③评价工作任务，创建新的工作任务清单。在工作任务分析的基础上，设计小组需要进一步评价各项工作任务的重要性和难度，然后重新编排工作任务信息，对技能进行组合，从而为技能等级模块的界定和定价打下基础。

④确定技能等级模块并为之定价。

第一，技能等级模块的界定。所谓技能等级模块是指员工为了按照既定的标准完成工作任务而需要执行的一个工作任务单位或者是一种工作职能。在对技能模块进行等级界定时，一般可以根据技能模块所包括的工作任务所需要的知识、技能和能力。

第二，技能等级模块的定价。可以按照下列几个维度来确定技能等级模块之间的相对价值：

- 失误后果：由于工作失误可能导致的财务、人力资源及组织后果。
- 工作相关性：技能对于完成组织认为非常重要的那些工作任务的贡献程度。
- 基本能力水平：掌握一项技能所需要的数学、语言以及逻辑推理、判断能力等。

● 工作或操作水平：工作中所需要技能的深度和广度。

● 监督责任：该技能涉及的领导能力、小组问题解决能力、培训能力以及协作能力等的范围大小。

⑤技能分析、培训和认证。这一阶段的主要工作是在对员工现有技能进行分析的同时，制订相应的培训计划、技能资格认证计划以及追踪管理工作成果的评价维度。员工技能等级或技能资格认证一般通过设立认证委员会作出相关的认证管理决策和制定认证管理制度来实现。

2.能力薪酬体系知识要点

（1）能力的概念以及能力模型的类型。

①能力的基本概念。能力，是指一系列的技能、知识、能力、行为特征以及其他个人特性的总称。在组合得当并且环境合适的情况下，这种能力对个人、群体、特定工作以及整个组织的绩效有一种预测作用。

②能力模型的类型。能力模型通常包括以下四种类型：

A.核心能力模型。这种能力模型实际上是适用于整个组织的能力模型，它常常与一个组织的使命、愿景和价值保持高度一致。这种能力模型适用于组织中各个层级以及各个职位上的员工，非常有利于辨认以及明确与组织的核心价值观相符的那些行为。如果一个组织希望向全体员工强调自己的核心价值观，比如客户服务、团队合作等，那么这种核心能力模型可能是最合适的。此外，这种核心价值观还可以被引入一种很可能会对整个组织产生深刻影响的大范围文化变革中，它可以向员工们清楚地展示出即将塑造出来的新文化和新组织最看重的行为是什么。

B.职能能力模型。这是一种围绕关键业务职能——比如财务管理、市场营销、信息技术、生产制造等——建立起来的能力模型。它适用于同一职能领域中的所有员工，无论这些员工在职能中处于哪一个级别。这种能力模型是很有意义的，这是因为即使在同一个组织中，在不同的职能领域取得成功所要求的行为往往也是不一样的。例如，在高科技领域中，一位销售人员要想取得成功，像速度、反应性以及灵活性这样的能力就是至关重要的。这种能力要求与对工程师或研发人员的能力要求就不一样，后者往往更强调可靠性以及对细节的关注等能力。

C.角色能力模型。这种能力模型适用于在一个组织中的某些人所扮演的特定角色，比如技师、经理等，而不是这些人所在的职能领域。一种比较有代表性的角色能力模型是经理人员的能力模型，这种模型涵盖了来自财务管理、市场营销、人力资源管理、生产制造等各种职能领域的管理人员的能力要求。由于这种能力模型是跨职能领域的，因此它特别适合于以团队为基础组建的组织。团队领导适用于一套能力模型，而团队成员则适用于另外一套能力模型（当然，两者之间会有大量的交叉）。

D.职位能力模型。这是一种适用范围最狭窄的能力模型，因为它只适用于单一类型的职位。当然，这种能力模型所针对的通常是一个组织中有很多人从事的那一类职位，比如一家寿险公司针对寿险营销人员开发的能力模型。

（2）能力薪酬方案设计及管理要求。

①能力薪酬体系的实施前提。在实施能力薪酬体系之前，必须非常慎重地考虑一些问题，其中最主要的是以下两点：

第一，是否有必要实行能力薪酬。企业必须从经营的角度认真考虑自己是否真的需要从原来的薪酬体系转换到能力薪酬体系。如果现有的薪酬体系运转良好，能够满足组织和员工两个方面的需要，企业可能就没有必要大张旗鼓地去实行能力薪酬。一方面，能力薪酬的效果到底如何还没有定论，从目前的情况来看，它只适合于某些特定的行业和企业；另一方面，向能力薪酬转变会导致企业必须进行多项重大变革，而变革本身是要付出代价的。

第二，必须将能力薪酬作为整个人力资源管理领域的重大变革的一部分来实施。

②能力与薪酬挂钩的几种不同方案。

A.职位评价法。将能力与薪酬挂钩的最常见方法是借助职位评价过程来实现，即在传统的要素计点法中，用与能力相关的部分或全部要素替代传统的报酬要素。

B.直接能力分类法。这种方法与上面所说的职位评价法几乎完全相反。它完全根据个人的能力情况而不是职位的情况来进行基本薪酬等级的划分，是真正意义上的能力薪酬体系。

C.传统职位能力定薪法。在这种方法中，员工依然会因为开发能力而获得报酬，但是关于职位和薪酬的概念都更为传统，即某一职位依然会被确定在某一薪酬等级之中，这个薪酬等级的薪酬浮动范围不会超过50%或60%。

D.行为目标达成加薪法。这是一种基于能力的行为目标达成度来确定加薪水平的做法。在这种情况下，组织是通过是否实现拟定的行为目标来对能力进行评价的，然后根据评价结果确定加薪幅度。

E.能力水平变化加薪法。这种方法将员工的薪酬水平直接与对其总体能力水平的变化情况所做的评价挂钩，即企业首先通过多位评价者对员工的总体能力水平进行评估，然后根据员工的能力水平变化情况，直接决定员工的加薪幅度。

（3）能力薪酬体系与职位薪酬体系和技能薪酬体系的比较（见表5-1）。

表5-1　　　　　能力薪酬体系与职位薪酬体系和技能薪酬体系的比较

	职位薪酬体系	技能薪酬体系	能力薪酬体系
薪酬结构	以市场和所完成的工作为基础	以经过认证的技能以及市场为基础	以能力开发和市场为依据
价值评价对象	报酬要素（计点法）	技能模块	能力
价值的量化	报酬要素等级的权重	技能水平	能力水平
转化为薪酬的机制	赋予反映薪酬结构的点数	技能认证以及市场定价	能力认证以及市场定价

续表

	职位薪酬体系	技能薪酬体系	能力薪酬体系
薪酬增加	晋升	技能的获得	能力开发
管理者的关注点	员工与工作的匹配 晋升与配置 通过工作、薪酬和预算控制成本	有效地利用技能 提供培训 通过培训、技能认证以及工作安排来控制成本	确保能力能够带来价值增值 提供能力开发的机会 通过能力认证和工作安排控制成本
员工的关注点	寻求晋升以得到更多的薪酬	寻求技能的提高	寻求能力的改善
程序	职位分析 职位评价	技能分析 技能认证	能力分析 能力改善
优点	清晰的期望 进步的感觉 根据所完成工作的价值支付薪酬	持续性学习 灵活性 人员使用数量的精简	持续学习 灵活性 水平流动
不足	潜在的官僚主义 潜在的灵活性不足问题	潜在的官僚主义 对成本控制的能力要求较高	潜在的官僚主义 要求有成本控制能力

三、实训内容与要求

1.实训内容

技能/能力薪酬体系设计。

2.设计背景和要求

根据案例企业的胜任力模型，确定每一能力等级的变动比率和薪酬区间。

（1）华恒药物研究所简介。

华恒药物研究所成立于1983年，是比较权威的省级新药研发及推广中心。自成立以来已研究开发出多种新药，获得多项国家级和省级科技进步大奖。该所成立30多年来研发的新药有国家二类新药3种、国家四类新药12种、其他各类新药总计20多种。

（2）华恒药物研究所能力等级及任职资格要求（见表5-2）。

3.能力和薪酬的对应

通过确定每一能力等级的变动比率和薪酬区间的中值，设计每一能力等级的薪酬区间，见表5-3、表5-4和表5-5。

表5-2　　　　　　　　**华恒药物研究所能力等级及任职资格要求**

资格 等级 \ 因素	学历	专业工作年限	知识技能评定	证书	能力要素
高级研究员	药剂类专业研究生及以上学历	博士生：6年以上药物研发工作经验，参加过省级以上药学科研项目的研究工作 研究生：8年以上药物研发工作经验，参加过省级以上药学科研项目的研究工作	90分以上	新药证书 执业药师证	创新能力、分析性思维能力、积极主动性、激励团队能力、文字表达能力、知识技能水平
中级研究员	药剂类专业本科及以上学历	研究生：5年以上药物研发工作经验 本科生：6年以上药物研发工作经验	80分以上	新药证书 执业药师证	
初级研究员	药剂类专业大专及以上学历	本科生：3年以上药物研发工作经验 大专生：4年以上药物研发工作经验	70分以上	执业药师证	
助理研究员	大专及以上学历	1年以上相关工作经验	60分以上	不需要	

表5-3　　　　　　　　**××地区药物研究行业药物研究员工资水平**

职位	市场薪酬水平（元）		
	高位值	中位值	低位值
高级研究员	5 400	4 200	3 000
中级研究员	3 500	2 750	2 000
初级研究员	2 300	1 800	1 300
助理研究员	1 400	1 100	800

表5-4　　　　　　　　**不同职位类型对薪酬变动比率设计的影响**

薪酬变动比率	职位层级
60%以上	高层管理、技术人员
35%～60%	中层管理、技术人员
10%～25%	办公室文员和一般生产、技术人员

表5-5 能力工资表

能力等级	等级分类	层级	层级分数	变动比率	区间中值	能力工资
四	高级研究员	1	90分以上			
		2	89~90分			
		3	70~79分			
三	中级研究员	1	90分以上			
		2	80~89分			
		3	70~79分			
二	初级研究员	1	90分以上			
		2	80~89分			
		3	70~79分			
一	助理研究员	1	80分以上			
		2	80分以下			

四、实训组织与步骤

第一步，组织学生到某一企业人力资源管理部门进行调研访谈和实习。

第二步，对学生进行分组，建立技能薪酬体系的设计小组（5~7人）。

第三步，各设计小组根据企业调研和实习体验，对人力资源部的基本工作进行工作任务分析，详细描述人力资源部的基本工作内容。

第四步，分别评价各项工作任务的难度和重要程度，并分别按照工作重要程度和工作难度进行排列、分组，创建新的工作任务清单。

第五步，界定不同等级的技能模块，然后为不同等级的技能模块分别定价（假如通过外部市场薪酬调查得知，员工的起薪为10元/时）。

第六步，对该企业人力资源管理人员的现有技能进行分析，制订其技能培训方案和技能认证方案。

第七步，设计该公司人力资源管理人员技能薪酬体系管理方案。

第八步，制作幻灯片和文稿并进行演示。

第九步，总结并编撰实训报告。

五、实训时间

4课时。

六、实训成绩评定

实训成绩按优秀、良好、中等、及格、不及格5个等级评定。

成绩评定参考准则：

①各小组成员在企业调研访谈和实习过程中，是否认真积极投入、体现出良好的团队协作精神。

②对调研企业人力资源部的基本工作掌握是否详尽，是否满足工作任务分析要求。

③是否正确地运用科学方法，合理界定各技能等级模块并进行定价；能否较熟练制作幻灯片和文稿并进行演示。

④是否独立编撰实训报告，真实度如何。

⑤实训报告是否记录了完整的实训过程，文字是否简练、清楚，结论是否明确，收获和体会是否客观。

实训成绩评定比例：实训环节表现占70%，实训报告质量占30%。

附　录

XD公司基于能力的薪酬体系方案设计

一、公司简介

1.XD公司概况

XD公司前身为XD集团系统集成事业部，后集团公司为了加快软件产业的发展，于2002年将XD公司从集团剥离，组建成为XD公司。XD公司经过10多年的发展，2013年，公司营业收入超过2亿元，员工人数从成立之初的150人发展到1 200人。同时，公司绝大多数员工均为本科及以上的高学历人才，本科及以上学历员工占公司员工总数的98%，拥有硕士研究生学历的人员占28%，拥有博士研究生学历的人员占5%。公司自成立之日起，一直沿用集团公司的薪酬体系，并随集团公司的薪酬水平变化而变化。然而，XD集团公司以生产电脑元器件为主营业务，因此采用的是制造业的以岗位为基础的岗位薪酬体系。XD公司则是以研发人员及技术人员占公司员工主体的高科技公司，XD集团公司的薪酬体系对XD公司员工的激励性不足，很难适用XD公司员工的特点和公司发展的需要，因此，需要构建与XD公司员工特点和公司发展需要相匹配的新的薪酬体系。

2.XD公司发展愿景与薪酬战略

XD公司从成立之初就立志成为"国内领先的IT解决方案和服务提供商"。在公司这一愿景下，公司制定五年发展战略：多元化、服务化、产品化、英才化。为了实现公司的发展战略，公司需要吸引和留住大量的科研人才，打造一批优秀人才队伍，提升组织能力。因此，薪酬理念及薪酬方案设计要充分体现对人才的重视和激励，即"通过薪酬体系设计，吸引、激励、保留优秀人才，打造一批优秀人才队伍，提升组织能力，实现公司战略"。在此背景下，提出公司的薪酬战略：（1）以能定薪，差异化激励；（2）保证在同行业具有竞争力，同时由于公司处于发展阶段，要适当控制人力成本，又要保证对公司的核心人才在薪酬上予以倾斜；（3）绩效导向，奖罚分明，共享企业成功；（4）协同增效，成本可控。

二、XD公司员工能力体系构建

1.XD公司员工职类职种划分

根据公司任职者所需知识、技能要求和工作责任相似度等，同时结合XD公司业务特点和员工类型，将XD公司的职类划分为四种类型，分别为管理类、技术类、市场类、职能类。XD公司职类区分及划分要素见表5-6。

表5-6 **XD公司职类划分标准**

职类	划分要素
管理类	对企业的经营管理与管理系统的高效运行和各项经营管理决策的正确性负责
技术类	对企业的产品和技术在行业中的先进性负责
市场类	对企业产品的品牌及市场占有率负责
职能类	对为管理系统提供的专业管理资讯与参谋及管理服务的质量负责

将职类划分完毕后，再根据每一职种承担职类内某一项业务的工作责任的不同，定义不同的职种，比如在技术类职类中，分为需求分析、架构设计、软件开发、用户体验、软件测试、配置管理、咨询、系统集成、项目管理、技术支持10个职种。XD公司的职种划分结果见表5-7。

在对职种进行划分后，进一步对职位层级进行命名。职位层级命名的原则一方面要能体现职位在公司整个职位体系中的位置，另一方面要能体现出职位的工作职责特征。按照上述职位层级命名思路，XD公司各职种职位名称具体见表5-8。

2.职位价值评估

岗位价值评估又称职位价值评估或工作评价，是对岗位在组织中的影响范围、职责大小、工作强度、工作难度、任职条件、岗位工作条件等特性进行评价，以确定岗位在组织中的相对价值，并据此建立岗位价值序列的过程。XD公司构建了包含公司管理层、人力资源专业人士、外聘专业顾问、集团内相关企业的专业人士等的岗位评价小组，采用PRG岗位评估工具，对公司职位价值进行评估。评价因素及定义基准见表5-9。

表5-7 　　　　　　　　　　　　　**XD公司职种划分结果**

管理类	技术类	市场类	职能类
运营管理类	需求分析	销售	采购
技术管理类	架构设计		人力资源
	软件开发		财务
	用户体验		信息安全
	软件测试		项目申报
	配置管理		行政管理
	咨询		
	系统集成		
	项目管理		
	技术支持		

表5-8 　　　　　　　　　　　　　**XD公司各职种职位名称**

管理类	技术类	市场类	职能类
总经理	资深工程师（分析师、咨询师、项目经理）	高级主管	高级主管
副总经理	高级工程师（分析师、咨询师、项目经理）	主管	主管
部门经理	工程师（分析师、咨询师、项目经理）	高级专员	高级专员
部门副经理	助理工程师（分析师、咨询师、项目经理）	专员	专员
部门经理助理	技术员	助理	助理

表5-9 　　　　　　　　　　　　　**评价因素及定义基准表**

评估因素	定义基准
专业知识	为顺利履行工作职责应具备的专业知识和经验程度 所需知识和经验的深度、广度
沟通/谈判	与他人合作及激发他人工作方面所需的协调与社交技巧的程度 沟通的对象、内容及难易程度
解决问题	衡量调查问题与评估各种解决方案时所必需的判断与分析程度 问题的影响范围、期限、复杂性和创新性
贡献/领导力	衡量相关工作层次、资源调配及接受监督的性质 工作层次、资源协调受监督的性质
业务领域影响	衡量岗位对其影响领域中的资源产生影响的范围及性质 影响的范围、影响的性质

岗位评价小组通过对五个因素的划分及对职能类岗位、管理类岗位及专业类岗位的不同标准，将级别从低到高分为1级到12级（B1～B12），其中根据职类的不同，将管理类岗位的等级划定为B7～B12，技术类为B5～B9，确定这两类岗位在XD公司的评价标准（见表5-10和表5-11）。

表5-10   管理类岗位评价标准

因素	B7～B8	B9～B12
专业知识	职能/业务单元及流程相关的专业知识	职能/业务单元的专业知识，知道公司的资源、优先顺序、需求以及政策
沟通谈判	给专业人员提供指导，有效利用团队力量 依对象不同灵活调整谈判策略，达成共识	引导专业人员 策划并组织复杂谈判，达成持久协议/承诺
解决问题	识别与职能相关的复杂问题 基于业务视角，通过创新和专业判断解决问题，推进项目/团队工作 因地/因时制宜地推进方案落地实施，开发新的系统组件、流程和方法	识别公司战略与运营层面的复杂问题 分析复杂/新情况，预测潜在问题和未来趋势，评估机遇、影响和风险 开发解决方案并推进落地实施
贡献和领导力	提供技术/运营指导，领导专业团队，组织重要项目 理解部门/职能的使命和愿景 通过专业影响部门/职能之外的人，有时这些影响没有先例可循 定义并确定业务概念和项目目标，带领团队开展工作，管理和利用所辖资源	领导业务单元/跨职能团队，组织重要项目 拥有整体战略和公司业务的完整视角 当遇到复杂难题或需要外交技巧才能解决的问题时，能影响公司高层，所处理的问题经常会没有先例可循 制定并实施产品、市场、业务或职能战略，协同工具、流程、优先级及资源的定义和确定，供高层决策
影响业务范围	对部门成果和/或跨职能团队/项目负责 影响业务绩效，影响客户满意度，影响职能、业务单元的成本费用 参与制订职能条线的整体计划	对业务单元/整体条线负责 负责资源分配，对客户满意度、成本、费用、收入等重要业务指标的达成负责，对产品、服务及业务发展的质量及价值负责 参与制定公司战略

基于岗位评估标准，对XD公司相关岗位的进行评价（限于篇幅，只列出技术类岗位评级结果），结果见表5-12。

表5-11　　　　　　　　　　　　　专业类岗位评价标准

因素	B5	B6	B7	B8	B9
专业知识	职位、团队和部门相关的专业知识；需快速吸收专业知识和提高专业技能	部门/职能相关的专业知识	职能/业务单元相关的专业知识和流程	职能/业务单元相关的专业知识和流程；理解组织的资源、优先顺序、需求以及政策	熟练掌握业务单元战略、运营相关的专业知识和经验
沟通谈判	利用专业知识与他人合作完成指派工作任务；需要谈判技能	被视为能独立工作的专业工作者，能制订多个解决方案并进行比较谈判，需达到特定目的	给专业人员提供建议，有效地利用团队力量；通过谈判，确定方案和目标	给专业人员提供指导；与多个伙伴谈判得出一致认可的结论	和高层进行合作；策划并实施复杂谈判，达成持续合作/承诺
解决问题	识别工作相关问题；利用现有方法和工具分析原因，准备并建议备选的解决方案；以改进为目标，挑战现有流程和操作手册的有效性	识别项目目标相关问题；通过创新解决专业、技术或运作问题，基于对业务的理解，在分析的基础上独立提出解决方案；挑战现有流程和操作手册的有效性，并提出改进方案/调整方案/补充方案	识别职能目标相关的复杂问题；通过创新解决项目中的非常规问题/项目开发性工作；因地制宜/因时制宜地推行解决方案，为系统开发新内容，或开发流程/操作手册	分析复杂/新情况，预测潜在问题和发展趋势，评估机会、影响和风险；开发并执行解决方案	在战略层面预测、创造和定义创新及愿景性理念
贡献和领导力	做专业工作，为了提升，工作需经常调整；理解团队使命和愿景；可能会直接影响团队中的其他成员；可能要协调经验或知识不足的团队成员	做专业工作，或领导团队；理解部门的使命及愿景；对技术或运营提出建议，通常控制自身工作优先级，在工作方法上经常需要进行权衡	提供持续技术/运营指导，领导专业团队/特殊项目；理解部门/职能使命及愿景；通过专业直接影响非本部门/职能的人，甚至有时是没有先例的；定义并决定业务概念/项目目标，可能要对工具开发和所管理的资源效率负责	领导跨职能团队/重大项目；理解职能/业务单元的使命；面临复杂问题且需大量沟通时影响组织和他人，包括公司高层；是该职能条线公认的专家，所处理的事情经常没有先例可循；根据公司政策和方向开发/决策相应的工具/流程/优先级和资源	领导跨职能团队/重大项目；理解整体战略愿景；跨职能领域的公认专家；与决策层共同制定并实现产品/市场/业务/技术战略，并制定政策
影响业务范围	对个人或团队的工作结果负责；为纳入业务考核的工作提供支持，影响客户满意度和项目成本/费用	对个人/团队/部门的工作结果及其对职能条线所产生的影响负责；对预算负责；参与部门整体计划制订	对部门成果及跨职能团队的工作或项目负责；工作纳入业务考核、影响客户满意度或项目成本/费用；参与职能整体计划的制订	对职能条线的重大项目整体成败负责；工作纳入业务考核，影响职能/业务单元的成本和费用；参与职能条线的战略制定	对业务单元/公司级的重大项目负责；整合资源，达成客户满意度、成本、费用、收入及其他关键指标；制定业务战略，并对产品/服务的质量及价值负责

表5-12　　　　　　　　　　　　技术类岗位评级结果示例

职种	需求分析	架构设计	软件开发	用户体验	软件测试	配置管理	咨询	系统集成	项目管理
B10									
B9		资深架构设计工程师					资深咨询师		
B8	资深需求分析师	高级架构设计工程师	资深开发工程师；资深数据分析师	资深交互设计工程师			高级咨询师	资深系统工程师	资深项目经理
B7	高级需求分析师	架构设计工程师	高级开发工程师；高级数据分析师	高级交互设计工程师；资深视觉设计工程师	资深测试工程师	资深配置工程师	咨询师	高级系统工程师	高级项目经理；资深质量工程师
B6	需求分析师		开发工程师；数据分析师	交互设计工程师；高级视觉设计工程师	高级测试工程师	高级配置工程师		系统工程师	项目经理；高级质量工程师
B5	助理需求分析师		助理开发工程师；助理数据分析师	助理交互设计工程师；视觉设计工程师	测试工程师	配置工程师	助理咨询师	助理系统工程师	助理项目经理；质量工程师
B4				助理视觉设计工程师	助理测试工程师	助理配置工程师			助理质量工程师

注：B1～B3在技术类岗位中无对应职位。

三、薪酬架构建立

1.市场薪酬数据获取

由于该公司属于江苏地区，江苏地区是人才市场的竞争地，因此选择江苏高科技企业薪酬数据作为确定薪酬参考。本次薪酬调查采取购买薪酬数据的方式，通过对多家薪酬数据的分析，最后选择全国二线高科技企业数据作为参考，见表5-13。

2.确定薪酬策略

根据市场薪酬数据和薪酬策略，同时考虑人才稀缺性、对公司的重要程度、成本控制及公司现有的薪酬水平等因素，XD公司确定采取的薪酬策略为：采取中等竞争力的薪酬策略，但对核心技术人员与中高级管理人员适当倾斜，加大薪酬的竞争性。经公司高层讨论确定XD公司整体薪酬策略如下：B1～B7等级中位值采取市场50分位值为标准，同时体现公司中高级人才对企业的贡献价值及公司对这一类员工的重视与肯定，增加薪酬对此类员工的吸引及保留能力，决定等级越高，给

表5-13 市场薪酬数据调查选取表 单位：元

职级	年基本工资			年度总现金		
	P25	P50	P75	P25	P50	P75
B1	21 500	25 400	30 300	25 600	29 700	36 500
B2	24 200	28 800	34 700	29 000	33 900	42 100
B3	27 200	32 700	39 700	32 900	38 800	48 500
B4	32 400	39 600	48 700	39 700	47 600	60 200
B5	40 800	50 900	63 800	50 900	62 200	80 100
B6	51 400	65 400	83 600	65 300	81 300	106 400
B7	64 800	84 200	109 600	83 800	106 400	141 500
B8	81 700	108 300	143 600	107 500	139 100	188 200
B9	103 100	139 300	188 100	137 800	181 900	250 200
B10	129 900	179 200	246 500	176 800	237 800	332 700

注：B11～B12为高管年薪制人员，公司有对应的制度，本次未涉及。

予的薪酬越高，即B8在50分位值的基础上增加10%，B9增加20%，B10增加30%，即B8～B10等级中位值采取市场50分位值的1.1/1.2/1.3倍为标准。

3.确定薪酬标准值

首先确定薪酬宽幅，宽幅的确定取决于特定职位所需技能水平、责任贡献大小、XD公司的历史薪酬水平，一般来讲，所需技能水平较低的职位薪酬宽幅小一些，而技能水平较高的职位薪酬宽幅大一些。确定宽幅时一定要谨慎，如果大程度地改变最高值和最低值，会使宽幅变大，那么同一等级的最大值就会更高，而最小值就会更小，因此要参考历史的宽幅变动幅度。由于同一职等内对应很多岗位，同时应给岗位工资晋升留出空间，因此薪酬幅度要适中，满足薪酬调整的需要。

中位值和薪酬宽幅确定后，就可以依据如下公式计算薪酬的最大值和最小值。一般情况下，薪酬最大值和最小值是根据薪酬中位值以及宽幅计算出来的：

薪酬最小值=薪酬中位值÷（1+薪酬变动比率÷2）

薪酬最大值=薪酬中位值÷（1+薪酬变动比率÷2）×（1+薪酬变动比率）

薪酬中位值=（薪酬最大值+薪酬最小值）÷2

级差=（最大值-最小值）÷最小值

通过计算，确定XD公司整体薪酬架构，见表5-14。

表5-14 **XD公司整体薪酬架构** 金额单位：元

职级	年度总现金				
	MIN	MED	MAX	级差	变动比率
B10	213 200	309 100	405 000	42%	90%
B9	151 500	218 200	284 900	43%	88%
B8	110 500	153 000	195 500	44%	77%
B7	76 300	106 400	136 500	31%	79%
B6	61 400	81 300	101 200	31%	65%
B5	47 700	62 200	76 700	31%	61%
B4	37 800	47 600	57 400	23%	52%
B3	30 600	38 800	47 000	14%	54%
B2	26 900	33 900	40 900	14%	52%
B1	23 700	29 700	35 700		50%

实训六　宽带薪酬方案设计

一、实训目的

通过该项目实训，掌握宽带薪酬设计的前提条件、适用范围和基本原理，能够设计企业宽带薪酬管理方案。

二、基本知识要点

1.宽带薪酬的概念

宽带薪酬体系始于20世纪90年代，是作为一种与企业组织扁平化、业务流程化等新的管理战略与理念相配套的新型薪酬体系而出现的。宽带薪酬体系将过去处于不同等级且价值相近的岗位，通过量化的方式纳入到同一个宽带，在此基础上用少数跨度较大的薪酬范围来代替原有数量较多的薪酬级别的跨度范围，将原来十几个、几十个薪酬等级压缩成几个级别，同时将每一个薪酬级别所对应的薪酬浮动范围拉大，从而形成一种新的薪酬管理系统。

2.宽带薪酬模式的特征

与传统的等级薪酬模式相比，宽带薪酬模式具有以下特征：

（1）支持扁平型的企业组织结构。宽带薪酬体系缩短了上下级之间的关系，减少了上下级的沟通而增加了同级间的联系与交流。在这样的组织结构中，信息的流通速度也增快很多，员工的工作行为受到的约束和限制减少，拥有很大的工作灵活性和满足感，同级之间注重团队合作，大家希望通过努力工作共同实现企业目标。

（2）打破了传统薪酬结构所维护和强化的等级观念。宽带薪酬模式减少了工作之间的等级差别，简化了企业的薪酬分类，有利于企业提高效率以及创造学习型的企业文化，同时有助于企业保持自身组织结构的灵活性和有效地适应外部环境的能力。

（3）引导员工重视个人技能的增长和能力的提高。在传统等级薪酬结构下，员工的薪酬增长往往取决于个人职务的提升而不是能力提高，因为即使能力达到了较高的水平，但是在企业中没有出现职位的空缺，员工仍然无法获得较高的薪酬。而在宽带薪酬体系下，即使是在同一个薪酬宽带内，企业为员工所提供的薪酬变动范围也可能会比员工在原来的五个甚至更多的薪酬等级中获得的薪酬范围还要大，这样，员工就不需要为了薪酬的增长而去斤斤计较职位晋升等方面的问题，而只要注意发展企业所需要的那些技术和能力就可以获得相应的报酬。

（4）有利于职位轮换，促进员工的跨职能成长和开发。在传统的等级薪酬结构中，员工的薪酬水平是与其所担任的职位严格挂钩的，同一职位级别的变动并不能带来薪酬水平上的变化，但是这种变化使得员工不得不学习新的东西，从而使工作的难度增加，辛苦程度更高，这样，员工会不愿意接受职位的同级轮换。而在宽带薪酬体系下，由于薪酬的高低是由能力来决定而不是由职位来决定的，员工通过主动学习提升自身的能力来提高自己的薪酬，在此基础上自由地选择职业发展道路，在员工调动时企业所面临的压力就会大大减小，员工具有相应的能力自然就愿意主动轮换岗位。

（5）有利于提升企业的核心竞争优势和整体绩效。在宽带薪酬体系中，上级对下级员工的薪酬有更大的决策权，从而增强组织的灵活性，鼓励创新思想的出现，有利于提高企业适应外部环境的能力。

3.宽带薪酬体系的设计流程

（1）根据企业的战略和核心价值观确定企业的人力资源战略。

支持企业战略目标的实现是人力资源管理体系的根本目标，也是企业薪酬管理体系的根本目标，否则，人力资源管理就永远停留在传统的人事管理阶段，就无法成为企业的战略伙伴。企业通过实施人力资源战略，将企业战略、核心竞争优势和核心价值观转化为可以测量的行动计划和指标，并借助于激励性的薪酬体系强化员工绩效行为，增强企业的战略实施能力，有力地促进企业战略目标的实现。在这里，人力资源管理体系不仅仅是一套对员工贡献进行评价并予以肯定激励的方案，它更应是将企业战略及文化转化为具体行动以及支持员工实施这些行动的管理流程。

（2）根据企业的人力资源战略、外部的法律环境、行业竞争态势及企业的发展特点制定切合于企业需要的薪酬战略。

如果制定薪酬战略的一个基本前提是把薪酬体系和企业的经营战略联系起来，那么不同的经营战略就会具体化为不同的薪酬战略及方案。

在进行薪酬体系设计时，从薪酬策略的选择、薪酬计划的制订、薪酬方案的设计、薪酬的发放及沟通，均应体现企业战略、核心竞争优势和价值取向对人力资源尤其是对激励机制的要求，否则企业的战略目标和核心价值观将得不到贯彻。对于符合企业战略和价值取向的行为及有助于提高企业核心竞争优势的行为在薪酬上予以倾斜，以强化员工的绩效行为。

企业的薪酬体系一方面体现了企业战略和核心价值观对人力资源尤其是激励机制的要求，另一方面又不能脱离企业所在行业的特点和企业的生命周期。

首先，企业所在行业的特点主要体现为企业所在行业的技术特点和竞争态势。

技术是用来使组织的投入转变为产出的工具、技能和行动。组织的技术有两种形态：制造和服务。这两种形态对企业的薪酬体系的要求是不同的。例如，IBM在向服务型企业转型前薪酬等级为24级，转型后的薪酬等级为5级。企业竞争对手所提供的薪酬情况在很大程度上影响了企业所选择的薪酬模式和结构。

其次，企业就像生命体一样，也要经历从出生、成长、成熟直至死亡等不同阶段。处于不同生命周期的企业具有不同的特点，因此需要不同的薪酬体系来适应其战略条件。

（3）根据企业的组织结构特点及工作性质选择适合运用宽带薪酬模式的职务或层级系列。

在传统的金字塔形组织结构、强调个人贡献的文化氛围中，企业往往采用等级制的薪酬模式。随着企业的组织结构逐渐趋于平坦，强调团队协作而不是个人贡献，用较少的工资范围跨度、很广的工资类别来代替以前较多的工资级别，宽带薪酬模式应运而生，减少了工作之间的等级差别。

工作的性质对薪酬模式的选择具有重大影响。例如，与任务较独立、环境较为轻松的工作相比，对于需要较强的协作能力和团队精神的工作而言，平等型的宽带薪酬模式更有利于提高员工的满意度和绩效。

（4）运用宽带技术建立并完善企业的薪酬体系。

①确定宽带的数量。首先企业要确定使用多少个工资带，在这些工资带之间通常有一个分界点。每一个工资带对人员的技能、能力的要求都是不同的。IBM使用5个宽带替代24个级别时，对每个宽带的目标、能力和培训都做了明确的要求。

②根据不同工作的特点及不同层级员工需求的多样性建立不同的薪酬结构，以有效地激发不同层次员工的积极性和主动性。

③确定宽带内的薪酬浮动范围。根据薪酬调查的数据及职位评价结果来确定每一个宽带的浮动范围以及级差，同时在每一个工资带中每个职能部门根据市场薪酬情况和职位评价结果确定不同的薪酬等级和水平。

④宽带内横向职位轮换。同一工资带中薪酬的增加与不同等级薪酬的增加相似，在同一工资带中，鼓励不同职能部门的员工跨部门流动以增强组织的适应性，提高多角度思考问题的能力。因此，职位的变化更可能的是跨职能部门的，而从低宽带向高宽带的流动会很少。

⑤做好任职资格及工资评级工作。为了有效地控制人力成本，弥补宽带薪酬模式的缺点，在建立宽带薪酬体系的同时，还必须构建相应的任职资格体系，明确工资评级标准及办法，营造一个以绩效和能力为导向的企业文化氛围。

根据以上论述，我们可以得出，在企业设计薪酬制度时必须体现企业个性化特征，必须以企业整体战略和核心价值观为基础，并根据组织结构以及不同层次人员需求的多样化来设计符合企业特点的薪酬方案，而不能简单地用宽带或窄带作为企业的薪酬制度。同时还应在整体薪酬分配结构中考虑各项分配制度的独特作用和相互关系，再从技术层面上来有效设计各项分配制度及配套措施，使制度能够有效运用。

三、实训内容与要求

A公司宽带薪酬方案设计[①]

A公司是中国网络通信集团公司在某省设立的地区性分公司，下属六家县区支公司和一家直属营业厅，员工共计1 000余人，其中有各级管理人员40余人、技术人员220余人、各级营业人员700余人。该公司以前在薪酬管理上主要沿袭传统的岗位工资制和级别工资制，基本工资多达13级35等，见表6-1。

表6-1　　　　　　　　　　　工资职级表

职级	工资标准（元）	岗位等级	职位
一级	2 000	1	实习生
二级	2 000	2	助理一档
	2 500	3	助理二挡
	3 000	4	助理三挡
三级	3 500	5	代表一档
	4 000	6	代表二档
	4 500	7	代表三档
四级	5 000	8	高级代表一档
	5 500	9	高级代表二档
	6 000	10	高级代表三档
五级	6 500	11	经理一档
	7 000	12	经理二档
	8 000	13	经理三档
六级	9 000	14	高级经理一档
	11 000	15	高级经理二档
	12 000	16	高级经理三档
七级	13 000	17	副总监一档
	14 000	18	副总监二档
	15 000	19	副总监三档

---

① 佚名．宽带薪酬设计［EB／OL］．［2020-04-18］．https://wenku.baidu.com／view／2fd12e7a591b6bd97f19227 9168884868762b8fe.html.

职级	工资标准（元）	岗位等级	职位
八级	16 000	20	总监一档
	17 000	21	总监二档
	18 000	22	总监三档
九级	19 000	23	高级总监一档
	20 000	24	高级总监二档
	21 000	25	高级总监三档
十级	22 000	26	副总经理一档
	23 000	27	副总经理二档
	24 500	28	副总经理三档
十一级	26 000	29	总经理一档
	29 000	30	总经理二档
	32 000	31	总经理三档
十二级	35 000	32	副总裁一档
	40 000	33	副总裁二档
	45 000	34	副总裁三档
十三级	50 000	35	总裁

公司内部通过问卷调查发现，主要存在以下问题：

第一，员工升迁渠道过于狭窄，在公司原有薪酬制度下，员工要想提升薪酬就必须提高自己的职务级别，但公司处于高级别的职务很少，不是所有表现出色的员工都能得到晋升，而且有的人即使得到晋升，也不一定能很好地驾驭高级别岗位的工作。

第二，薪酬结构设置不合理。在原有薪酬制度下，所有员工不分职类，均采用"基本工资＋岗位津贴＋绩效工资"的薪酬结构，且绩效工资只占全部薪酬的10%~30%，占到薪酬60%以上的基本工资却严格按照员工级别来确定。对于一般员工，特别是营业岗位的员工和技术人员起不到很好的激励作用。另外，对于中层以上管理人员还缺乏相应的长期激励，对于技术岗位员工也没有加班工资，这大大影响了员工的工作热情。

第三，薪酬的确定和调整没有科学依据，往往都是靠口头协议，比如对于新入职员工的薪酬确定以及员工在工作一段时间后的薪酬涨幅，都没有明确的规章制度。

第四，公司的薪酬制度没有系统性，只是靠以往传统的惯例来解决问题。

要求：基于A公司薪酬管理问题的说明，为A公司设计宽带薪酬方案。

四、实训组织与步骤

以小组为单位开展以下各项活动：

第一步，阅读案例，通过小组讨论，深入剖析A公司现行薪酬管理制度存在的问题。

第二步，小组讨论，分析该公司实施宽带薪酬模式的可行性与设计思路。

第三步，讨论确定A公司薪酬宽带的确定、薪酬等级的划分、薪酬区间的设定。

第四步，讨论确定A公司任职能力评估与薪酬等级定位。

第五步，设计A公司的宽带薪酬方案。

第六步，制作幻灯片和文稿并进行演示。

五、实训时间

4课时。

六、实训成绩评定

实训成绩按优秀、良好、中等、及格和不及格5个等级评定。

成绩评定参考以下准则：团队合作情况；学生态度、参与积极性；方案的质量。

实训成绩评定比例：实验环节的表现占70%，实验方案的质量占30%。

附 录

B公司宽带薪酬设计[①]

一、公司简介

B公司是一家专业的品牌营销与传播的公关公司。公司的主营业务是为汽车、

---

① 吴博. B公司薪酬问题研究［D］. 北京：北京交通大学，2018.

金融、快速消费品、IT及互联网行业企业提供公关传播、数字营销、品牌咨询与创意、内容营销、体验营销、体育营销、娱乐营销、媒体广告投放等服务。经过10余年的发展，B公司与多家国内外知名企业和品牌建立了良好的合作关系，是公共关系行业的知名企业。公司目前拥有员工300余人，其中包括众多资深营销专家、数字传播精英、国内知名媒体人等多领域顶尖人士。目前员工年龄在35岁以下的占85%，年龄结构偏年轻化；本科及以上学历的员工占比高达94%，已成为企业实现可持续发展和创新性发展的不竭资源。

二、职位评价

B公司宽带薪酬方案设计采用要素计点法进行职位评价，这是目前在国内外企业中使用比较广泛的一种职位评价法。这种方法对职位的评价结果比较直观，也更容易被接受，可以对差异比较大的职位进行比较。

1.职位分类

根据B公司不同职位的特点，本次宽带薪酬方案设计将公司的全部职位分为业务、业务支持、职能三大类别，然后在每一类别之中选取若干代表职位进行分析，具体职位类别和职位名称见表6-2。

表6-2 **职位类别和职位名称表**

职位类别	职位名称
业务	事业中心总经理、客户总监、媒介总监、策略总监、商务总监、高级客户经理、高级媒介经理、高级策略经理、客户经理、媒介经理、策略经理、商务经理、客户代表、媒介代表、文案策划
业务支持	技术总监、创意总监、采购总监、技术主管、资深设计师、采购经理、设计师、采购专员
职能	总裁、副总裁、人事总监、财务总监、行政总监、人事经理、财务经理、行政经理、人事专员、会计、出纳、行政专员

2.设定要素

职位类别确定后，根据B公司特点，选取了工作影响力、能力要求、管理职能、工作复杂性、工作程序化程度、沟通要求、工作环境、人员可替代性、工作经验及学历要求九项要素进行职位评价，各要素权重分别为40%、10%、10%、10%、5%、5%、5%、10%、5%。具体要素划分及描述详见表6-3。

3.职位评分

为了保证职位评价结果的有效性，具体实施按照职位评价—意见反馈—评价修订—总裁审核确认的程序进行评价。按照以上的方法及程序对选取的36个职位进行评估。分值最高的是980分，分值最低的是60分，详细结果见表6-4。

三、层级和区间设计

1.层级设计

职位评价完成后，要依据评估结果对全部职位划分等级。层级设计要考虑两个问题，一个是层级数的确定，一个是每个层级对应的薪酬范围。

表6-3 职位要素评分表

要素项目	要素描述	权重	得分范围
工作影响力	履行工作职责承担的责任，工作成果对公司经营的影响程度	40%	0 ~ 400
能力要求	完成工作任务所需的专业知识和技能的水平	10%	0 ~ 100
管理职能	管辖范围及工作流程中的管理、指导、评估的因素	10%	0 ~ 100
工作复杂性	日常工作涵盖的工作流程范围及各环节复杂程度	10%	0 ~ 100
工作程序化程度	工作所遇问题是否具有相似性，是否需要在标准流程之外作出分析、判断或执行	5%	0 ~ 50
沟通要求	工作流程与其他人的交叉性及沟通能力对工作成果的影响程度	5%	0 ~ 50
工作环境	工作的时间特征及环境的舒适性	5%	0 ~ 50
人员可替代性	可替代人员的稀缺性、完成工作接替的时间、人员更替对工作的影响程度	10%	0 ~ 100
工作经验及学历要求	工作本身对经验及学历的要求程度	5%	0 ~ 50
合计		100%	0 ~ 1 000

表6-4 职位要素评分结果

序号	职位	分值	序号	职位	分值
1	总裁	980	19	商务经理	190
2	副总裁	950	20	客户经理	170
3	事业中心总经理	880	21	策略经理	170
4	技术总监	800	22	媒介经理	160
5	客户总监	760	23	采购经理	160
6	商务总监	750	24	财务经理	155
7	创意总监	700	25	人事经理	150
8	策略总监	620	26	行政经理	149
9	媒介总监	600	27	设计师	125
10	采购总监	515	28	会计	120
11	财务总监	510	29	采购专员	110
12	人事总监	500	30	出纳	100
13	高级客户经理	450	31	人事专员	96
14	行政总监	400	32	文案策划	95
15	高级策略经理	350	33	客户代表	87
16	高级媒介经理	320	34	媒介代表	85
17	技术主管	300	35	行政专员	80
18	资深设计师	250	36	前台	60

首先对现有岗位进行分析，按职位价值大小进行归类，形成不同的职位组合，划分为高管层、总监层、经理层和员工层四个职层，分别用英文字母 A、B、C、D 表示。

接下来要在职位评估结果的基础上计算 A、B、C、D 每个层级的分值范围。

具体计算方公式为 $(D4-D1)/(n-1)$，D1 为 D 级职位最低得分，D4 为 D 级职位最高得分，n 为 D 层级薪酬等级的数量，从而可以计算出 D 层级的平均级差为 21.7。根据这个方法，对所有职位进行计算，可以得出全部职位的薪酬等级分值。

然后我们设定 D1 的层级系数为标准值 1，再用每个薪级的职位评估标准分值除以 D1 的职位评估标准分值，便得到了各薪酬等级的系数。以高管层的 A1 为例，A1 的等级系数为 980/60=16.3。B 公司全部职位的薪酬等级标准分值及系数详见表 6-5。

表 6-5　　　　　　　　　　B公司薪酬等级标准分值及系数表

薪级		职位评估标准分值	等级系数	职位标准薪酬
高管层	A3	980	16.3	16.3k
	A2	913	15.2	15.2k
	A1	880	14.7	14.7k
总监层	B4	800	13.3	13.3k
	B3	700	11.7	11.7k
	B2	600	10	10k
	B1	500	8.3	8.3k
经理层	C4	450	7.5	7.5k
	C3	349	5.8	5.8k
	C2	249	4.2	4.2k
	C1	149	2.5	2.5k
员工层	D4	125	2.1	2.1k
	D3	104	1.7	1.7k
	D2	82	1.4	1.4k
	D1	60	1	1k

根据已经计算的薪酬总额除以公司各岗位系数之和得出 k 值，即 k=年度薪资标准总额/各岗位评估系数之和。同时，用求出的 k 值乘以各个岗位评估系数，就得出各岗位的薪酬总额，即薪酬总额=各岗位评估系数（即 k 值前的系数）×k。

2.薪酬等级区间确定

薪酬等级区间的设定需要给每一个职位的薪酬提供一定的浮动范围，让员工既可以通过职位晋升来获得更高一级的薪酬收入，也可以努力提高个人绩效，通过薪酬层级的调整来获得更高的收入。

根据B公司职位评价的结果，结合层级及重叠度等因素，确定B公司的薪酬等级区间，详见表6-6。

表6-6　　　　　　　　　　B公司标准薪酬表

层级	职位评估标准分值	等级系数	高管	总监	经理	员工
A3	980	16.3	16.3k			
A2	913	15.2	15.2k			
A1	880	14.7	14.7k	14.7k		
B4	800	13.3	13.3k	13.3k		
B3	700	11.7		11.7k		
B2	600	10		10k	10k	
B1	500	8.3		8.3k	8.3k	
C4	450	7.5		7.5k	7.5k	
C3	349	5.8		5.8k	5.8k	
C2	249	4.2			4.2k	
C1	149	2.5			2.5k	2.5k
D4	125	2.1			2.1k	2.1k
D3	104	1.7				1.7k
D2	82	1.4				1.4k
D1	60	1				1k

实训七　绩效薪酬方案设计

一、实训目的

通过该项目实训，了解绩效薪酬的基本原理，熟悉绩效薪酬的具体类型，能够设计企（事）业单位绩效薪酬方案。

二、基本知识要点

1.绩效奖励计划的概念及优缺点

（1）绩效奖励计划的概念。

所谓绩效奖励计划，是指员工的薪酬随着个人、团体或者组织绩效的某些衡量指标所发生的变化而变化的一种薪酬设计。由于绩效奖励计划是建立在对员工行为及其达成组织目标的程度进行评价的基础之上的，因此，绩效奖励计划有助于强化组织规范，激励员工调整自己的行为，并且有利于组织目标的实现。

（2）绩效奖励计划的优缺点。

绩效奖励计划的优点主要表现在：其一，由于绩效奖励计划往往有明确的绩效目标，因此，它能够把员工的努力集中在组织认为重要的一些目标上，从而有利于组织通过灵活调整员工的工作行为来达成企业的重要目标，从而避免员工的行为脱离组织的战略主线而形成本位主义倾向。其二，由于绩效奖励计划中报酬支付实际上变成了一种可变成本，因此，它的实施灵活性可以调整支付水平，不至于因为成本的压力而陷入困境。其三，由于绩效奖励往往是与直接的绩效改善联系在一起的，并且奖金的授予对象是那些为更高绩效的达成作出贡献的人，因此，绩效奖励计划有利于组织总体绩效水平的改善。

绩效奖励计划的缺点主要表现在：其一，在绩效标准不公平的情况下，很难做到科学并准确。绩效薪酬体系的设计与管理要求有一个严密、精确的绩效评价系统。但是在实际运作中，绩效评价很难做到科学并准确，往往流于形式。其二，过分强调个人绩效回报，对企业的团队合作精神产生不利影响。在组织实现一定的绩效目标时，其绩效奖金总额通常是一个固定的数值，员工所能分享的份额不仅取决于个人绩效，而且取决于其绩效在组织中的相对水平，因此，绩效薪酬制度这种对以自我为中心的个人努力进行奖励的做法，往往会造成在需要员工进行团队合作的时候却出现了员工之间的过度竞争，从而影响了组织整体目标的实现。其三，刺激高绩效员工与实际收入相背离的现象，难以确定提高绩效所需要的薪酬水平。绩效薪酬制度是以努力与绩效相联系、绩效与薪酬相联系为假设前提的，但在现实情况下，努力与绩效相联系的标准往往无法实现，主要原因是员工很难控制自己的绩效水平。其四，破坏心理契约，诱发多种矛盾。绩效奖励计划实际上是一种工作加速器，有时员工收入的增加会导致企业出台更为苛刻的产出标准，这样既会破坏组织和员工之间的心理契约，增加管理层和员工之间产生摩擦的机会，也会造成优秀员工和普通员工之间的摩擦。

2.奖金支付常用的几种方式

（1）绩效加薪。

绩效加薪是最为常用的一种加薪方式，它体现了对已经发生的工作行为或已取得的绩效成果的认可和奖励，它的一个显著特点是增加部分是直接加到基本工资中去的，每一次加薪后基本工资额都获得增长，下一次加薪是在已经增加了的基本工资固定基数上进行的，同时不断增加工资支付成本。尽管如此，有关调查数据显示，美国大约有90%的企业运用了绩效加薪的方式。

（2）一次性奖金。

一次性奖金是一种没有累加性的绩效加薪方式，是对传统绩效加薪方式的一种改进。由于原来的每一次绩效加薪都是要增加工资基数的，所以工资资历长（经历了多次加薪）的员工的工资基数会比较大，新进入者就难以较快地获得相当的工资水平；此外，那些已获得很高工资积累的员工可能目前的绩效并不令人满意。

（3）个人特别绩效奖。

个人特别绩效奖是一种针对个人特别突出的优质业绩进行奖励的方式，类似于我们通常所说的"个人突出贡献奖"等奖项。其最突出的特点在于，这样的奖励具有极强的针对性和灵活性，可以通过这种奖项来突破一些基本奖励制度在支付额度、支付周期及支付对象上的局限。它的机制比较简单，即谁干出特别突出的业绩就特别奖励谁，而且这种奖励往往是一般奖励所难以一次达到的水平。比如，玫琳凯化妆品公司对业绩突出的女销售员工提供粉红色的凯迪拉克轿车、名贵的貂皮外套和钻戒作为奖励。可以想象，这种专指的奖励对激励获奖者本人将会产生很大的作用；不仅如此，当其他员工实实在在地看见获奖者的喜悦时会有怎样的感受，他们自己通常也会为了获得这份惊喜而暗自付出加倍的努力。所以说，个人特别绩效奖往往具有较好的以点带面的激励效果。

（4）个人激励计划。

个人激励计划是用来激励员工个人为实现其绩效目标而运用的一种奖金支付方式。这里就要求在制订激励计划时必须首先考虑一个基本问题：为什么而支付——绩效标准导向性的明确问题。绩效目标的设定本质上体现了组织对员工的绩效要求和导向，这些标准可以是生产率（产量的或质量的）、顾客满意度、安全性或出勤率等。如果组织关注员工的工作结果，则绩效标准可以是结果导向的；如果组织关注员工的行为，则指标可以侧重于行为导向；对于不同工作种类的员工，其绩效目标往往也是不尽相同的，如生产工人和管理人员的绩效目标就会有各自的针对性。其次，在明确指标的导向之后，必须考虑到指标的可达到性问题——制定的绩效水平标准必须是员工通过其努力可以达到的，如果员工对工作的结果不能进行有力的控制，激励效果往往很难产生。最后，可以对激励计划方案进行选择——方式方法的运用问题。个人激励计划有很多种类，一般包括：针对生产人员的产出激励计划、针对一般管理人员的管理激励计划及关注员工行为的行为鼓励计划。其适用条件为：一是员工个人对工作完成情况有完全的控制力；二是企业经营环境、技术条件和生产条件必须是相对稳定的；三是人力资源管理制度必须有助于提高熟练程度；四是奖励通常以实物产出为基础，适用于生产性员工。

（5）团队激励计划。

当企业的工作要求使得大家需要更多的协调、合作，需要一个团队来完成工作时，对群体的激励就成为大家日益关注的问题。团队激励计划就是用于对员工的集体绩效而不是员工的个人绩效进行奖励的方式，它的激励对象是群体，这种群体可以是一个团队、一个部门、一个分公司，甚至扩大到整个公司，总而言之，它所关注的是群体的整体绩效，目的在于通过这样的激励使人们实现其群体绩效目标。

（6）组织激励计划。

其实组织激励计划与团队激励计划的界限已经不是很清楚，都是针对员工群体的，只是组织激励计划的对象群更大一些，一般是全员的；团队激励计划其实也可以运用于全员，比如各种收益分享计划、利润分享计划等，在某种程度上它还强调员工间的合作与参与。

3.奖金设计的步骤

（1）分析问题，确认是否需要某种奖励计划。

（2）选择适合本公司的奖励计划。

①明确奖励目标。

②根据目标选择恰当的形式。

（3）确定预算。

①在某种奖励计划下，奖励的总金额。

②如何对员工有吸引力。

（4）奖金分配的依据——绩效考核。

（5）确定奖金的分配方法。

所有步骤都离不开沟通。

三、实训内容与要求

1.一次性奖金设计

虽然由于过去几年行业竞争激烈导致了利润率大幅下降，天达公司一直没有对员工薪酬进行调整，但是为了感谢优秀员工为公司作出的贡献，公司今年特意拨出5万元作为加薪专款，并设立了人力资源薪酬委员会来决定这笔款项的分配。公司让各部门推荐1～2位员工作为候选人，经过初步筛选，提交给公司人力资源薪酬委员会的候选人有：

王兵——刚刚被任命为财务部副经理，大学财务专业本科毕业，目前正在本市某大学攻读MBA；已经在公司当了5年的会计，其目前的薪酬与他的新职位并不相称；人际协调能力强，与银行、税务局、财政局等部门的有关工作人员建立了良好的私人关系。

鲁云——人力资源部经理助理；大学文秘专业专科毕业后，她就任总经理办公室秘书，直到干满3年，1年前才提升到现在的职位，现在本市某大学成教学院在职攻读工商管理专业的专升本课程；去年调职后，她的薪酬并未得到调整。

张勇——生产部经理助理，大学工商管理专业本科毕业后，进入公司工作了7年，1年前获得MBA学位；他从生产车间工人做起，历任班长、车间主任、分厂副厂长等职，任现职已2年；他意志力强，勤恳踏实，经常带头加班加点工作，在工人中有很强的号召力；凡是上级交代的生产任务，他总是能够圆满完成。

王豪——信息技术部经理，计算机科学专业硕士研究生毕业后，已在公司工作了3年；他精益求精，带领信息技术部员工不断完善公司的各项管理信息系统，例如，改进了公司的库存控制系统，不仅大大降低了人工费用，而且大幅度减少了非必需的库存，提高了公司资金的流动速度。

付建国——营销部华东片区经理，职业中专营销专业毕业后进入公司，已工作了10年；曾做过流水线生产工人、维修工、班长、业务员、公司驻广州代表处负责人、驻东北三省代表处负责人等岗位的工作；他一直表现突出，特别是为公司的市场开拓立下了汗马功劳。

李成——总经理办公室副主任，任现职6年，进入公司已满15年；由于前年公司裁员，总经理办公室人员精减了9个，所以这两年他一直身兼数职：党委干事、工会干事、接待员、司机、秘书等。

要求按组进行，每组10～11人。其中，6人分别扮演上述6位被推荐加薪的候选人，其余同学将任职于公司人力资源薪酬委员会。各小组扮演被推荐加薪的候选人的6位小组成员分别向任职公司人力资源薪酬委员会的小组成员陈述自己应该加薪的理由，时间控制在每人3分钟以内。各小组任职公司人力资源薪酬委员会的小组成员根据候选人的个人陈述和上述背景资料进行集体民主决策，时间控制在25分钟以内。

注意：尽管所有被推荐的人都有理由得到加薪，但是由于金额有限，不能按人头平均分配。之后，各小组任职公司人力资源薪酬委员会的小组成员推选1名代表，向所有参与者报告本小组的加薪方案，并说明理由，时间控制在每人5分钟以内。

2.天达公司生产人员绩效薪酬方案设计

（1）公司简介。

天达公司成立于1998年11月，是西北地区最大的水泥生产厂家、最大的油井水泥生产基地和全国重要的特种水泥生产基地。公司拥有代表世界水泥工艺先进水平的窑外分解工艺线13条，于1999年4月通过ISO 9002质量体系认证，其主要产品被国家市场监督管理总局命名为国家级免检产品，被中国质量协会用户委员会评为"全国用户满意企业"，是自治区环保治理"一控双达标"的首家水泥企业。

公司主要产品有42.5级、52.5级普通和硅酸盐水泥，32.5级普通缓凝、复合水泥，A级、H级、G级油井水泥，道路硅酸盐水泥，425#和525#抗硫酸盐水泥，425#低碱水泥等。

公司现有员工490人，其中生产人员居多，有310人，占总人数的63%。

（2）天达公司生产人员奖金分配方案现状。

公司根据员工的岗位年工资总收入，确定绩效奖金的比例，在此基础上，确定员工的奖金基数，综合对生产人员的考核分，确定考核系数，发放奖金。

生产人员的基本工资作为组织性工资，一般都是一样的，可以体现生产人员不同能力程度的是绩效工资。公司生产人员的绩效工资占总工资的15%，导致有能力的生产人员与一般的生产人员的工资总额相差不多，付出多的和付出少的人得到几乎同样的报酬就会使努力工作的人失去热情，使本来就想偷懒的员工更加心安，员工无法从工资额度的差异得到努力工作的满足感和成就感，不利于激发员工更高层次的需要与愿望，相应地，也就不利于员工提高工作效率与工作质量。公司对生产人员的考核是根据定量与定性指标，得到员工个人绩效考核结果，按照20%、70%、10%的比例来界定员工绩效等级，考核结果排名在前20%的员工为超出期望，排名在前70%的为基本完成任务，排名后10%的为需要努力，并经过管理层的讨论对各等级确定绩效系数，也就是说系数的确定是一个"拍脑袋"决定的过程。

（3）天达公司生产人员现行奖金方案存在的问题。

①绩效奖金系数不合理。

通过对公司文案资料的研究，发现公司现行的生产人员奖金方案中，奖金的系数只涉及了个人因素，而部门和公司的影响因素并没有考虑进去。同时该公司生产人员的奖金系数如下：管理层根据考核结果将超出期望的个人绩效系数定为1.1，基本完成任务的个人绩效系数定为1.0，需要努力的个人绩效系数定为0.9。

这样确定的绩效系数将员工的工作业绩界定在了一个固定的等级里，无法体现员工能力的不同，如在20%超出期望的员工里，各个员工能力也是不同的，将其归为一个等级，无法深层次激励优秀员工更加努力工作。同时，个人绩效系数范围太窄，著名的战略绩效专家王小刚在《企业薪酬管理最佳实践》中提到，员工绩效系数在0.6~1.4这个范围最佳。

②奖金的结构单一,激励效果有限。

从该公司的文案资料中可看出,奖金在员工薪资收入中所占的比例不高,因此,奖金的激励效果就不突出。

该公司的奖金分配仅仅采用了系数法一种方式,员工所获得的奖金完全由自己的奖金系数来决定,而奖金灵活性和针对性较强的特点基本没有体现出来,奖金变成了员工的固定收入,变相地成为另一种工资。这样的奖金分配形式在对员工的激励上远远没有达到应该达到的效果。

③奖金分配依据的确定过于粗放,公平性差。

该公司奖金分配的依据是员工个人的奖金系数。系数法是奖金分配的基本方法之一,是在按岗位进行劳动评价的基础上,根据岗位贡献大小确定岗位的奖金系数,然后根据个人完成任务的情况,按系数进行分配的一种奖金分配方法。系数法要求在员工奖金系数的确定过程中应作出公平客观的评价。该公司生产人员奖金系数的确定过于粗放,存在严重缺陷:

首先,确定系数的方式难以服众。该公司生产人员奖金系数是由公司领导开会决定的,是由领导"拍脑袋"决定的,即使最终确定的系数非常切合实际,但缺少真实数据的评价只能使员工口服心不服。

其次,确定系数的指标过于片面。公司领导在研究决定员工奖金系数时,仅仅考虑了员工的工龄、职称、岗位等一些不变因素,而对于员工的岗位适应性、技能水平、沟通协调能力等主观因素,却为了平衡起见人为地忽视了。这就出现了无论工作业绩如何,只要硬件指标一样,奖金系数就一样的情况,使得奖金的发放出现了明显的不公平。

要求:在仔细阅读案例材料的基础上,针对该公司的现状,为天达公司设计符合薪酬战略需要的绩效薪酬管理方案。

四、实训组织与步骤

以小组为单位开展以下各项活动:

第一步,阅读案例,通过小组讨论为案例公司明确薪酬战略;进行薪酬构成设计,要求详细列出薪酬构成的具体项目及所占比例。

第二步,根据职位的不同特点将所有职位划分成不同职系。

第三步,讨论确定公司不同层次及职系的绩效考核方法、绩效薪酬分别在总薪酬中的构成比例,以及所采用的绩效奖励计划类型和数量。

第四步,讨论确定不同类型绩效奖励计划的发放周期或频率,讨论并列明各类绩效奖励计划的资金来源。

第五步,设计公司的绩效薪酬管理方案。

第六步，制作演示幻灯片和文稿并进行演示。

五、实训时间

4课时。

六、实训成绩评定

实训成绩评定按优秀、良好、中等、及格和不及格5个等级评定。

成绩评定参考以下准则：团队合作情况；学生态度，参与积极性；方案的质量。

实训成绩评定比例：实训环节表现占70%，实训方案质量占30%。

附　录

青岛隆和地产公司技术人员绩效薪酬设计[①]

青岛隆和地产成立于1998年，是青岛西海岸新区一家当地地产开发商，开发产品涉及住宅、酒店、公寓等多种类型，在住宅产品方面，先后开发了十几个楼盘。2017年，青岛隆和地产实现销售签约16.8亿元，实现回款13.2亿元，在西海岸新区本土地产排名前三，业主口碑反馈较好。青岛隆和地产在成立之初，同时涉及房地产开发的上下游环节，包括原料供应单位、建设单位、绿化单位以及配套和物业单位等。后期随着市场对住宅品质的要求越来越高，青岛隆和地产将其他业务板块全部分离，专业做房地产开发板块，同时借助自身食品和农业板块的优势，大大降低自身土地成本，为开发性价比较好的楼盘奠定了基础。

青岛隆和地产现有在职员工298人，设立部门11个，其中总经办、人力资源部、财务部、运营管理部4个部门归属职能管理人员；工程管理部、成本部、招标采购部、投资开发部、规划技术部、项目管理中心6个部门归属技术人员；营销管理中心归属销售人员。其中技术人员137人，占46%。可见在房地产开发企业中，技术人员在人员结构中处于核心地位。青岛隆和地产在职员工平均年龄32岁，整体年轻化程度较高，其中技术人员学历均在专科以上水平。

青岛隆和地产原有绩效薪酬的设计存在固有的不足：一是考核周期和标准的导向性不足；二是绩效薪酬发放模式和比例的不足。

---

①　刑玉婷. 青岛隆和地产公司技术人员薪酬设计优化研究［D］. 青岛：青岛科技大学，2019.

一、青岛隆和地产技术人员绩效考核的改善

这里从第一个方面的改善来看。房地产开发企业以项目开发建设为核心，围绕拿地、开盘、封顶以及交付等多个关键节点来展开工作。一般来说，5个关键节点周期跨越的时间是24个月左右，平均每个关键节点之间周期在5个月左右。通过刘比银盛泰地产运营节点设计来看，关键节点在5个月左右时，一级节点大约27个，二级节点43个左右，同时设计、招采、投资、工程管理、成本等各有各自的专项计划。按照月度进行考核的模式并不太适合房地产行业特性，以季度为单位进行考核较为合理。青岛隆和地产现有的考核模式是与其他生产板块采取统一的考核模式，以项目经理月度考核标准为例，见表7-1。

表7-1 项目经理原有月度考核表

维度	指标	指标定义	权重业绩指标	衡量标准
结果指标	经营收入（万元）	房地产公司营销收入	15%	完成率×权重，上限2倍封顶 新增客户数量
关键任务	成本管理	按时、准确无误审核割算、办理签证	25%	1.签证办理不及时-2分/次 2.割算、结算资料提报不及时-2分/次 3.错误签证一票否决 4.实现成本优化，公司认可后，当月激励+1分/20万元（上限+费用控制比率5分）
关键任务	质量管理	按照质量联合检查验收标准中界定的质量问题进行界定，此处非质量事故	20%	1.质量问题整改不达标每次每项-3分 2.相同问题、相同部位重复发生或者大面积出现-3分/项 3.通过验收项目后的材料、设备出现不合格现象每次每项-5分 4.出现重大结构错误或者严重质量问题实行一票否决
关键任务	安全和现场文明管理	符合青岛市标准化示范工地要求	15%	1.安全隐患或现场文明施工问题每次每项-0.5分 2.安全问题或者现场文明施工问题未及时整改或多次出现-3分/项 3.重大安全事故一票否决
管理指标	资料管理	项目资料、合同保存完整，电子档案按规范要求整理	15%	1.政府主管部门、地产公司、集团检查发现资料不规范-1分/项 2.未按时提报办理手续资料每次每项-2分 3.发生重要资料丢失该项否决
管理指标	团队建设	绩效管理 帮带计划开展 文化投稿 月度组织部门内培训（会议）一次 以上四项指标符合公司要求，年度计划完成率100%	10%	绩效3分、帮带计划2分、文化投稿3分、培训2分 1.绩效管理每项不达标-1分 2.未按计划开展帮带活动，未及时上交见证性资料，每少一份-1分，每流失一位后备人才-2分 3.文化稿件每少一篇-1.5分 4.培训（或会议）未组织-2分

从现有的考核标准中可以看出，房地产公司对于项目经理的考核还是按照生产制造企业的模式，关注收入、成本以及过程管控和团队建设，但是缺乏计划性的管理，对战略目标的承接力度不足，因而对于所有技术的考核中，均要围绕项目建设周期展开，增加对节点的关注和考核。以项目经理为例，改善后的绩效考核标准见表7-2。

表7-2　　　　　　　　　　　　　　项目经理新考核标准

维度	指标	指标定义	权重	衡量标准
关键任务	关键、一级、二级节点及专项计划达成率	公司年度一、二级节点及专项计划	55%	关键节点20分，一级节点10分，二级节点5分，专项计划3分；节点达成率=∑各项节点计划实际得分/∑各项节点计划标准分值×100%
	周边绩效计划达成率	各部门互提计划	5%	按照互提计划项数完成率换算本项得分
	质量管理	按照规范标准检查、验收分部分项，确保工程质量合格	15%	1.参考工程管理中心季度综合评价，主控项目不合格-3分/（分项·季度）；一般项目合格率达不到80%-1.5分/（分项·季度），一般项目合格率90%以上+1.5分/（分项·季度） 2.应进行验收的材料、工序未进行验收即使用或隐蔽的-1分/项 3.公司查出较大质量问题整改不及时或未按照要求整改-2分/项；公司查出重大质量系统性问题，且存在极大风险的-5分/项，对不履行整改或整改拖延严重的-10分/项 4.通过验收项目后的材料出现不合格现象每次每项-5分；公司发现现场使用不合格材料-3分/次 5.出现重大质量事故否决该项当月绩效
	现场安全文明管理	现场安全文明施工管理符合公司要求	5%	1.季度检查问题未闭环-2分/项 2.集团检查出现扣分项，双倍扣除
	成本管理	进行施工过程中的成本管控，按时、准确无误审核割算进度、办理签证	10%	1.不按时办理签证-2分/次，错误签证否决该项当月绩效 2.割算资料审核不准确-2分/次 3.结算资料审核不准确-2分/次 4.成本优化每降低1万元+1分（以变更审核单为准）
管理提升	团队建设	关注团队管理、下属辅导、对标学习、文化认同四个维度	10%	每个指标维度的基准分为10分，维度满分为40分，某一方面没有达标相应给予-3~5分，某一方面达到公司规定的理想要求给予+3~5分，采取例证的方式，在评分时要求考核人对加减分均要结合具体事件加以说明，最终计算绩效分值时，每低于或高于标准分1分+1分，上限15分封顶 4.培训（或会议）未组织-2分
执行力考核	客户导向	客诉或客服检查反馈问题，经公司确认后，形成的客户督办问题。不反馈不跟进-2分/次，不整改情形-5分/项，执行权重10分。造成严重投诉损失的，否决整体绩效		
	雷区项（绩效否决）	1.严重违反公司制度或出现重大安全、质量事故 2.给公司美誉度造成严重不良影响		

　　在新的考核标准设置上，不以收入导向为核心，以项目节点计划为导向，关注项目质量和客户反馈。由于房地产的建设周期较长，以月度为单位来说，关注不到考核重点，同时技术人员的绩效结果也很难体现，所以，月度考核应修订为季度考核。

　　二、技术人员绩效薪酬标准的确定

　　从第二个方面的改善来说，改变原有绩效考核负激励导向，修定为正激励导向，在提升技术人员现有薪酬标准基础上，设置每个级别的技术人员绩效奖金比例，以月度考核兑现，同时也加大考核要求力度，对于关键节点完不成的负责人直接可以降职、降薪甚至辞退。绩效薪酬比例的调整见表7-3。

表7-3　　　　　　　　　　　技术人员绩效薪酬标准修订

序号	职级	修订前		修订后	
		绩效比例	发放形式	绩效比例	发放形式
1	事业部经理级	40%～50%	1. 年度发放，发放标准为：绩效工资×考核得分/100×考核分档 2. 年底取各月度平均数	50%	1. 半年一评价，半年度以绩效奖金形式发放，标准为：得分/100×分档系数×半年绩效薪酬标准 2. 完不成关键计划的直接辞退
2	事业部副经理级	35%～40%		40%	
3	部门经理级	25%～40%	1. 月度发放，发放标准为：绩效工资×考核得分/100×考核分档 2. 以负激励为导向，月度平均绩效得分不得超过90分 3. 每月组织烦琐的绩效考核模式	30%	1. 季度发放，以奖金形式发放，标准为：绩效工资×考核得分/100×分档系数 2. 正激励为导向，完不成关键计划的降薪降职
4	主管级	25%～35%		25%	
5	科员级	20%～30%		20%	

实训八　自助式福利体系方案设计

一、实训目的

通过该项目实训，掌握自助式福利的基本理论及设计的基本操作原理，能够设计企业自助式福利方案。

二、基本知识要点

1. 自助式福利的概念、特点

（1）自助式福利的概念。

自助式福利也称弹性福利，是指企业设计了众多的福利项目供员工自由选择。福利支付形式的"个性化"是其重要特点。这种福利形式，正如自助餐一样，可以让员工自由挑选所喜欢的物品，因此称为自助式福利。在自助式福利计划中，除了国家规定的"五险一金"外，企业可以制定自己的"软性"福利，如培训、保险之类的待遇，它为企业吸引和留住优秀人才发挥了积极的意义。自助式福利项目一般应包括：职工意外伤害保险，职工失业保险，职工养老保险，职工医疗保险，大病统筹，职工个人财产保险，带薪休假，提供职工住房，住房公积金或住房补贴，免费午餐，职工食堂或伙食补助，提供交通接送或交通补贴，带薪培训或教育补助，本企业股份、股票或期权优先权，娱乐或体育活动，整洁、园林化的厂区，家庭特困补助，家庭慰问金，抚恤金，工伤残疾，重病补助，组织旅游或提供疗养机会，节日礼物或优惠实物分配等。

（2）自助式福利的特点。

自助式福利具有传统福利制度所不可比拟的优点：

①对员工而言，可以根据自己的实际情况，选择对自己有利的福利。由于每个员工的个人情况是不同的，因此他们的需求可能也是不同的。自助式福利的实施，则充分考虑了员工个人的需求，使他们可以根据自己的需求来选择福利项目。这样就满足了员工不同的需求，对员工具有更好的激励作用，增进员工对福利制度的了解，从而提高福利计划的适应性，这是自助式福利最大的优点。

②自助式福利通常会在每个福利项目后标示其金额，从而使员工了解每项福利和成本间的关系，让员工有所珍惜，并有利于企业管理和控制成本；使企业能运用有限的福利资源，提升企业的形象和竞争力；由员工自行选择所需要的福利项目，企业就可以不再提供那些员工不需要的福利，这有助于节约福利成本；此外，还可以作为激励制度的新方法。

③用福利"软手铐"网住人才，起到维系员工的作用。如果员工选择某大件福利项目如住房，他就需要为公司奉献相当长一段时间，才能达到消费该福利项目的条件。另外，从企业的角度看，如果员工选择了有条件发放的本企业的股份、股票或期权优先权形式的自助式福利项目，就相当于企业推迟了福利的分发期（沉淀福利制度）。因此，这也是一个有效控制雇员流失的方法。因为这些福利项目暂时沉淀了员工的部分福利，从而减少人才流失的可能性。

④激励员工努力工作，起到目标管理的作用。由于自助式福利可以预支，这样当员工在本人购买力不足的情况下购买了某大件福利项目时，他就"欠"了公司一笔"福利债"。为了还这笔"债"，他就需要努力工作，以期在公司的绩效考核中取得更多的福利购买力。公司如果要享受这种方法带来的好处，就应当鼓励员工选择较大的福利项目。这样，就给员工设立了一个远大的、可实现的目标，激发他们为了这些"远大"的目标而努力工作。同时，公司应当加大绩效考核结果的比重（即使绩效考核结果在整个"购买力"数值产生机制中占更大的比重），这样更有利于员工发奋工作。

⑤给予人才认同感。自助式福利体现了企业的人情化关怀，有利于凝聚人心，增强员工的归属感，激发员工奋发有为的动力和活力。尽管提供各种各样的福利项目需要花费企业的部分利润，工作难度也大，但是，一旦员工在某种程度上拥有对自己福利形式的发言权，工作满意度和对公司的忠诚度都会得到提升，因为这种做法表示了对他们的尊重及处理事情的务实态度。这样的企业更富有人情味和温暖感，更容易培育融洽的人际关系，让人感到企业最贴心的关怀和帮助，从而在共同利益和共同目标的驱动下，员工的主动性、积极性和创造性可以得到极大发挥。福利的多样化是以温情脉脉的方式"套牢"员工，从员工那里得到的无疑是丰厚的回报。

2.自助式福利的设计模式

一般来说，自助式福利体系有以下五种模式：

（1）附加型弹性福利计划。

附加型弹性福利计划是最普遍的弹性福利制，就是在现有的福利计划之外，再提供其他不同的福利措施或提高原有福利项目的水准，让员工去选择。实施这种福利体系，不会降低原有的直接薪酬水平和福利水平，而是提供给员工一张特殊的"信用卡"，员工可以根据自己的需要自行购买商品和福利。发放给员工的信用卡中可使用的金钱额度取决于员工的任职年限、绩效水平，还可以根据员工基本薪酬的百分比来确定。需要注意的是，信用卡中的钱只能用于消费，不能提取现金。对那些直接薪酬低于市场水平而又想在劳动力市场上具有一定竞争力的组织而言，这是一种很好的方法。

（2）混合匹配型福利计划。

员工可以根据自己的意愿在企业提供的福利领域中决定每种福利的多少，但是总福利水平不变。一种福利的减少意味着员工有权利选择更多的其他福利。如果降低其他福利项目的水平还不能使员工对某种特定的福利感到满意，企业就只能采取降低基本薪酬的方法了。

（3）核心加选择型福利计划。

核心加选择型福利计划，即将原有福利剥离出可选部分，在企业福利支出总额和员工享有福利额不变的情况下，可提高福利计划的有效性，节约成本。它由"核心福利"和"弹性选择福利"组成。"核心福利"是每个员工都可以享有的基本福利，不能自由选择，比如"五险一金"即养老、医疗、失业、工伤、生育保险及住房公积金是核心福利，属于必选择项。可以随意选择的福利项目则全部放在"弹性选择福利"之中，这部分福利项目都附有价格，可以让员工选购。员工所获得的福利限额通常是未实施弹性福利制前所享有的，福利总值超过了其所拥有的限额，差额可以折发现金。该福利模式既照顾了企业的利益，也实现了福利的自助化，是由传统福利向自助式福利过渡阶段的最佳方案。

（4）套餐福利计划。

在这种经常被使用的套餐福利计划下，员工面对着多种不同的福利组合。他们可以在这些组合之间自由进行选择，但是没有权利来自行构建自己认为合适的福利项目组合。每一种福利组合，我们都可以称为一个"福利模"。一个福利模与另一个福利模之间的差异可能在于福利项目的构成不同，也可能是由同样的项目构成，但是每种福利项目的水平之间存在差异。如果模的成本不同，那些选择成本较小的模的员工，实际上会遭受利益的损失。就好像西餐厅所推出来的A餐、B餐一样，食客只能选其中一个套餐，而不能要求更换套餐里面的内容。那些将福利管理外包给外部专业组织的企业经常使用这种模式。套餐式福利可操作性较强，方便采购，同时因为是根据员工的特征设置的，所以适应性也较强，能得到员工的青睐。但由于该福利计划要求员工的需求特征明显且易于区分，所以在使用范围上会受到限制，同时企业在设置福利套餐时，套餐不会太多，这样员工的部分需求可能没被考虑到，从而影响员工的积极性。

（5）全自助式福利计划。

在全自助式福利模式中，员工在自己的预算内可以任意选择，超出部分由员工自己补上，企业完全根据员工的需求进行采购。这种福利模式最大限度地满足了员工的需求。企业把服务员工作为企业的重要内容，真正体现了"我的福利，我做主"，是最纯粹的自助式福利。但由于员工需求的多样性及差异性，该福利模式会大大增加福利部门的工作量及工作复杂程度，所以目前较少得到应用。但随着信息科技的发展，采购与速配物流的进步及企业对员工的重视，相信全自助式福利模式将得到逐步推广。

三、实训内容与要求

B公司的福利现状及问题

B公司于2004年1月16日成立，注册资本16.77亿元，由A公司控股（持股比例为99.11%）。B公司主营业务为生产聚氯乙烯树脂、烧碱及其他化工产品，现具有年产30万吨聚氯乙烯树脂、24万吨离子膜烧碱的生产能力。

1.福利现状

目前，B公司的员工福利体系包括法定福利和企业福利两部分。所有福利已占到员工全部薪酬的33.62%，其中企业福利占员工全部薪酬的17.80%。除去国家要求的法定福利项目，公司提供的非法定福利项目有：

（1）节假日福利。

（2）员工及员工子女教育奖励：公司每年为员工定期进行相关培训，而且对申请继续教育的员工以教育资助的形式支付与正式教育课程及学位课程相关的费用，鼓励员工继续深造。在子女教育方面，对取得优异成绩的员工子女进行现金及实物奖励，对进入学前教育的员工子女提供免费接送服务。

（3）住房福利：对全体员工执行国家或地方法规的规定，给予缴纳住房公积金，而对于高管人员实行提供住房补贴计划。

（4）工会福利：公司将经费划拨到工会，由工会在节假日时购买礼品、生活日用品等物品作为节假日福利发放给员工。

（5）津贴：公司提供的津贴种类繁多，职位津贴是公司依据不同职位支付给员工的津贴；工龄津贴由公司正式员工享受，工作一年按照10元计算；午餐津贴指公司支付给在岗员工的午餐补助，标准为100元/月，按实际出勤天数计发；高温津贴指公司支付给员工的夏季防暑降温补贴，每年6—8月发放高温补贴，200元/月；委派津贴是公司委派到距公司本部100千米以上（含100千米）的地区从事生产经营工作的管理、技术人员的津贴补助。

2.福利问题

（1）福利水平存在问题。公司没有额外补充医疗保险和企业年金，而现在单纯的五险已经不能满足员工的医疗和养老需求。员工迫切地需要公司增加关于医疗和养老方面的保险。

（2）福利的激励性存在问题。福利作为报酬的一个主要形式，在现在的薪酬管理中应起着重要的激励作用。但B公司的福利项目较少，福利的发放也具有随意性，通常不是员工所需要的。因此，公司应该增加具有灵活性和针对性的福利项目，以适应员工的需求，体现其奖励和激励的作用，同时也为公司降低报酬成本。

（3）福利不能满足实际需求。可能由于公司和员工的沟通不够明确和畅通，导致员工普遍反映福利体系不能切合实际需求并且存在不公平性。

要求：针对B公司现行福利的现状及存在的问题，为该公司设计符合员工需要的弹性福利体系方案。

四、实训组织与步骤

以小组为单位开展以下各项活动：

第一步，阅读案例，通过小组讨论为B公司选择自助式福利体系设计模式。

第二步，根据不同员工群体的特点，分析员工的福利需求，确定福利菜单的组成项目。

第三步，核定福利项目的货币成本，进行福利定价，并且确定福利点数的购买力。

第四步，设计B公司的自助式福利方案。

第五步，制作演示幻灯片和文稿并进行演示。

五、实训时间

4课时。

六、实训成绩评定

实训成绩评定按优秀、良好、中等、及格和不及格5个等级评定。

成绩评定参考以下准则：团队合作情况；学生态度、参与积极性；方案的质量。

实训成绩评定比例：实训环节表现占70%，实训方案质量占30%。

附　录

C公司自助式福利体系设计[①]

C公司是济南市思脉技术股份有限公司在菏泽的分公司，成立于2000年，是领先的POS-ERP管理软件开发商、互联网O2O技术平台及运营服务提供商。C公司

---

① 刘言. XX公司自助式福利设计与应用研究［D］. 西安：陕西师范大学，2017.

主要为零售业、专营专卖业、餐饮娱乐业提供信息化整体解决方案，是消费服务业软件与移动互联网运营信息化领导型供应商。

C公司组织结构比较简单，主要包括财务部、销售部、技术部、人力资源部、行政部五个部门，公司最高领导层为公司总经理，同时设有三个副总经理，一个副总经理负责销售部，一个副总经理负责技术部，一个副总经理负责人力资源部、财务部、行政部，各部门分别设有一个部门经理。C公司员工大部分为80后、90后，精力比较旺盛，思想比较活跃，易于接受新事物，追求个性化。

一、福利点数的确定

第一步，确定企业福利总额。企业福利总额是指C公司人力资源部通过科学预算，在每年年初确定的本年度向员工发放的福利总成本，主要包括企业在各个福利项目上的支出之和。C公司在确定企业福利总额时，需要考虑上年度公司在员工福利上的支出，同时根据经营情况按一定的增长比例进行确定。从C公司人力资源部了解到，2019年C公司为员工缴纳的"五险一金"总额为20万元，预计2020年将为员工缴纳22万元。

第二步，确定福利要素。福利要素主要是指影响员工对企业贡献的所有因素，一般情况下包括员工绩效、工作年限、岗位层级、学历等因素。因此，C公司将工作绩效、工作年限、学历、岗位层级等因素作为公司的福利要素，并确定各要素的分值。各要素分值具体见表8-1。

表8-1　　　　　　　　　　　各要素的等级及分值情况

工作绩效			
等级	A（优秀）	B（良好）	C（及格）	D（不及格）
分值	100分	50分	20分	0分

工作年限			
等级	不满1年	1~3年	3~5年	5+N年
分值	10分	12分	15分	15+N分

学历			
等级	高中及以下	大学专科	大学本科	硕士及以上
分值	40分	60分	80分	100分

岗位层级			
等级	普通员工	部门主管	副总经理	总经理
分值	20分	40分	70分	100分

第三步，确定要素的权重。权重是指一个指标相对于另一个指标的重要性，以评价各项指标的重要程度。例如，我们将指标体系中的某一个指标作为基本要素，

也是其他要素需要对比的对象，通常情况下我们会选择最重要的指标作为基本要素，该指标权重设定为10。将其他指标与基本要素进行一一对比，若是对比要素与基本要素相比，对比要素的重要性只有基本要素的一半，那么对比要素的权重为5，即该指标的重要性程度为5。C公司的四个福利要素中，工作绩效是最重要的要素，其次为岗位层级、工作年限、学历，权重分别为10、6、4、2。

第四步，计算员工福利点数。福利点数与商场的积分卡类似，企业可以将员工的绩效、职位、工龄、学历等要素换算成员工的福利点数，再向员工提供一份福利菜单，菜单中的每项福利都设定好需要换算的福利点数，员工可以根据自己所拥有的福利点数，选择菜单中能够换取的自己最需要的福利点数。C公司在计算福利点数时，主要是在以上两个步骤的基础上，将各要素的分值与权重相乘，然后再将各要素的乘积相加，同时计算出员工在本年度实际工作的有效月份数。具体的公式如下：

$$\text{员工福利点数} = (\text{工龄分} \times \text{工龄权重} + \text{职位分} \times \text{职位权重} + \text{学历分} \times \text{学历权重} + \text{绩效分} \times \text{绩效权重}) \times \text{有效工作月数} \div 12$$

以公司的设计师为例，该设计师为普通员工，在公司工作两年半，学历为大学本科，去年的绩效评价为B，根据上述公式可以计算出该员工的福利点数为2 070点。

第五步，计算企业员工福利点数总额。企业员工福利点数总额是由企业所有员工福利点数相加所得，其公式表示如下：

$$\text{员工福利点数总额} = \sum_{i=1}^{n}(\text{员工i的福利点数})$$

第六步，确定福利点值。福利点值指的是企业福利的单位福利价值，是企业福利总额与员工福利点数总额的比值。计算公式如下：

$$\text{福利点值} = \text{企业福利总额} \div \text{员工福利点数总额}$$

第七步，确定员工福利金额。员工福利金额指的是员工能够享受到的福利价值总额，在该部分福利价值内，员工可以根据自己的需求选择不超过该金额范围的福利项目。若是员工在公司的福利体系内选择的福利项目金额超出了可以享受到的福利金额，员工可以选择自己购买，也可以预支福利点数，来年扣除多使用的福利点数。其计算公式如下：

$$\text{员工福利金额} = \text{福利点值} \times \text{员工个人的福利点数}$$
$$= \left(\frac{\text{企业福利总额}}{\text{员工福利点数总额}}\right) \times (\text{工龄分} \times \text{工龄权重} + \text{职位分} \times \text{职位权重} + \text{学历分} \times \text{学历权重} + \text{绩效分} \times \text{绩效权重}) \times \text{有效工作月数} \div 12$$

二、自助式福利菜单选项设计

自助式福利常见的类型有附加型、混合匹配型、套餐型、全自助型等几种。附加型福利计划是指在企业目前的福利计划之外，再为员工提供不同的福利，让员工自己去选择。混合匹配型是指企业福利由核心福利及可选福利两部分组成，核心福利是企业员工都享有的且不能自由选择的基本福利，可选福利则是附带上价格，让员工可以自由选择的福利。套餐型福利指的是企业设计出不同的福利方案组合，员工可以根据自己的喜好选择福利套餐。全自助型福利指的是企业为员工制定福利预算，在预算范围内员工可以自由选择，超出预算则由员工自己填补，企业福利完全符合员工的需求。这几种福利各具有优缺点，具体见表8-2。通过分析不同福利的优缺点，为C公司选择自助式福利方案提供依据。

表8-2　　　　　　　　　　　　自助式福利类型优缺点

自助式福利类型	优点	缺点
附加型	为员工提供更多的福利选择范围，更多地满足员工需求	操作比原先的福利体系复杂，成本比原先的福利计划增多
混合匹配型	是传统福利体系向完全自助式福利体系的过渡，既满足了员工的一些福利需求，又可避免员工作出不适当选择	福利可以选择的范围比附加型小
套餐型	操作性强，方便采购，也更符合员工的需求	要求员工具有明显的易区分的需求特征，且套餐数量有限，使用范围容易受到限制
全自助型	真正实现了自助式福利，能够最大限度满足员工的需求	大大增加福利负责部门的工作量，大大增加管理成本

可以看出，对于C公司这种还未实行自助式福利的企业来讲，应该选择操作比较简单、成本相对较低的福利体系，因此，结合C公司的特点，C公司的自助式福利体系采用的是混合匹配型自助式福利。根据混合匹配型自助式福利的概念，自助式福利的菜单选项分为核心部分、可选部分两大部分。

1.核心部分

C公司的自助式福利的核心部分主要指的是法定福利，是国家相关法律要求企业必须为员工提供的各项福利，其中包括法定节假日、其他法定假日、社会保险、住房公积金等。

2.可选部分

C公司可选部分的福利项目主要是指除了法定福利项目之外，针对员工需求设置的多样化福利项目，员工可以自主选择最需要的福利项目。具体地讲，C公司可以将可选部分的福利项目概括为促进健康型、投资未来型、保障收入型、工作生活平衡型等几类。

一是促进健康型。该类型福利项目主要是C公司为了提高员工的身体素质，为员工提供的一些有益于身体健康的福利项目，例如体检、健身卡、体育锻炼场地门票等。

二是投资未来型。在当今竞争激烈的社会，越来越多的员工为了能够提高自己对职位的胜任能力，更加注重技能的提升。因此，这类福利项目主要是C公司为了满足员工自身提高的需要，也为了提高公司员工的能力，向员工提供的培训、学习的机会及保障，例如，培训机会、培训费报销、管理层 MBA 教育、在职专升本、资格考试费等。

三是保障收入型。该类型福利项目主要是 C 公司提供的能够保障员工基本生活的各项福利项目，例如，意外伤害保险、补充医疗保险、补充养老保险等商业保险，使得员工在遭受意外、突发大病等不可预测事件时，除了基本的社会保险外，仍旧能够获得一定的资金支持。

四是工作生活平衡型。员工在忙于工作的同时，就没有更多的时间关注家庭，但是家庭问题不解决则会困扰员工，影响员工的工作。若是 C 公司能够提供员工所需要的平衡员工工作与生活的福利项目，那些需要平衡工作与生活的员工就会减少来自家庭方面的烦恼。例如，C 公司为员工提供的购房补贴、休假疗养、儿童看护、淡季旅游、交通补贴、购买火车票、子女入学、家庭卫生清洁等。

通过自助式福利菜单的设计，改善公司福利传统、固化的特征，提高福利类别的丰富性、个性化，让员工自主选择自己需要的福利项目，满足员工对福利项目的多元化需求。

三、明确的约束机制

1. 福利项目定价

为了方便员工根据自己的福利点数选择到性价比最高的福利项目，也为了方便员工对各个福利项目进行比较，C 公司需要对福利项目进行明码标价。C 公司在对福利项目进行定价时，是在福利项目市场价格的基础上，结合公司提供的福利总额进行折算，制定出公司内部统一的价格。简言之，是要让员工明确知道获得该福利项目所需要支付的价格。C 公司可以确定自己的基准货币单位，例如将 1 元钱定为 1 个点或者 1 个积分，之后对那些市场价格比较明确的福利项目进行定价，对那些市场价格不太明确或者无法确定市场价格的福利项目，可以按照某一标准确定价格，要注意每一个可选福利项目都要有自己的价格，才能够让员工进行比较与选择。

在对福利项目进行定价时，为了体现价格的科学性、合理性，C 公司应当遵循以下原则：第一，优惠性原则，即 C 公司所制定的福利项目价格要低于市场价格，这样才能够吸引员工购买，否则员工会选择市场上的同类产品；第二，差异定价原则，即 C 公司在对福利项目进行定价时，可以根据不同的福利项目采取高价策略或者低价策略，例如对于有助于促进公司经营发展、提高员工素质的福利项目，可以设定较低的价格，而对于能够满足员工的个性化需求的福利项目，可以设定较高的价格。

C 公司在对福利项目进行定价时，概括起来主要包括三大类：一是补贴类的福利项目，例如交通补贴、住房补贴、话费补贴等，在进行定价时可以根据市场上或者竞争对手的平均水平进行定价；二是可量化的福利项目，例如，意外伤害保险、补充医疗保险、补充养老保险、MBA 教育、在职专升本等福利，这些是完全可以用价格确定的，C公司可根据一定的折算率将市场价格折算成这些福利项目的公司价格；三是不可量化的福利项目，例如休假疗养、儿童看护等，C公司需要对这些福利项目进行量化，然后再折算成公司价格。

根据C公司福利成本预算，规定1个点数对应货币1元，C公司福利项目定价见表8-3。

表8-3　　　　　　　　　　　**自助式福利可选部分定价**

菜单	福利内容	福利项目定价	份数
促进健康型	体育锻炼	20点/次	
	健身卡	200点/月	100份
	体检	300点/次	
投资未来型	培训机会	300点/次	30份
	培训费报销	1 000点/年	30份
	在职专升本	2 000点/年	5份
	管理层MBA教育	5 000点/年	2份
	子女教育补贴	300点/年	50份
保障收入型	伤残保险	80点/年	100份
	大病救助	200点/年	100份
	意外伤害保险	100点/年	100份
工作生活平衡型	购房补贴	1 000点/次	10份
	休假疗养	100点/天	
	儿童看护	100点/次	
	淡季旅游	200点/次	20份
	交通补贴	1 200点/年	

根据以上福利项目的定价，员工可以用自己所拥有的福利点数额度购买所需要的福利项目。

2.福利账户管理

为了便于管理，也便于员工清楚自己已经享受到了哪些福利，花费了多少福利点数，还剩余多少福利点数，C公司可以为每个符合享受自助式福利计划的员工建立自助式福利账户，自助式福利账户包括企业账户和个人账户。在员工个人账户内，C公司应当在每年年初将员工可以享受到的福利点数划入账户内，当员工在账户内选择一项福利项目时，个人账户自动扣减员工相应的福利点数。若员工愿意为福利项目支付费用，可以选择自费，支付的费用将会在下月发放工资时，由人力资源部统计自费总和，然后从员工工资中扣除。C公司分配给员工的自助式福利积分记入员工的企业账户，员工自愿转入的部分税前应发工资转换成自助式福利积分后记入员工的个人账户。

员工个人账户内的福利点数必须在当年使用完毕，若是在年底员工仍有部分福利点数未使用完毕，将视为该员工放弃该部分福利点数，人力资源部会在年底对所有员工账户的福利点数进行清零，并在第二年年初重新划入每个员工可以享受到的福利点数。

对于离职的员工，个人账户中的福利点数应当在离职手续办好之前使用完毕，若是在离职之后仍有福利积分的，视为放弃，福利点数将清零。若是员工在离职时有提前预支的福利点数，人力资源部将预支福利点数转换成货币，同时从员工工资中扣除，或者由员工归还该部分费用。

对于在职员工死亡、病故、退休的，若个人账户中的福利点数未使用完毕，则由人力资源部将该部分福利点数转换成货币，发放给员工或者员工的继承人。

3.特殊情形

C公司的自助式福利体系是面向公司所有员工而制定的，但是并不是所有员工都能够享受到自助式福利。存在以下特殊情形的，员工将不得享受自助式福利：

（1）员工在职期间，若是因违反国家法律法规规定而受到相关机关拘留的，在被拘留期间将不再享受福利点数。

（2）由于员工个人原因，根据公司的规章制度而被停薪留职的，在此期间该员工将不再享受福利点数。

（3）根据公司的规章制度，员工受到处分的，将根据受处分程度的轻重相应地扣减福利点数。员工受到公司的警告处分时，受处分期间仅能按70%享受福利点数；员工受到公司的记过处分时，受处分期间仅能按照60%享受福利点数；员工受到降级处分时，只能享受新任职岗位所对应福利点数的50%；员工受到公司撤职处分时，只能享受新任职岗位所对应福利点数的40%；员工被辞退时，则不再享受福利点数。

（4）员工参与各种形式的教育、培训的，根据培训时间的长短来确定享受的福利点数。当员工所接受教育培训的时间在3个月以内的，教育培训期间正常享受福利点数；当员工所接受教育培训的时间在3~6个月的，教育培训期间的福利点数将减半；当员工所接受教育培训的时间超过6个月的，教育培训期间员工不再享受福利点数，员工该年度的福利点数总和在计算时需要扣除教育培训的时间。

（5）员工存在病假、事假等情形时，在计算福利金额时，有效工作月数将扣除请假天数，即在病假、事假期间不享受福利点数。

（6）其他。

四、严格的成本控制

自助式福利操作不当，很有可能造成企业成本的增加。因此，成本控制是实施自助式福利的首要条件，这就需要对所有福利项目明码标价，进行货币化，以控制福利项目的支出。

首先，根据整理调查而来的员工需求项目，确定项目现金价值，一般外部采购的需要同供应商议价得出；企业自办的福利，比如班车福利和食堂用餐福利等，公司可以自行预算估计，并且还应确定员工福利额度。为了保证福利的公平性，应根据不同员工的资历、员工绩效以及员工层级，参照薪酬制定标准确定福利额度。

其次，确定福利成本，自助式福利项目的成本包括员工个人福利成本和企业福利总成本，其中个人福利成本即员工个人福利额度，此外，还应包括人工成本。成本预算中还有很重要的一块是成本控制，为了能在自助式福利体系中合理控制成本，应仅将员工额度作为企业福利成本，如果员工福利项目成本超过其个人福利额度的，应由员工补齐差额部分。

实训九　特殊员工薪酬体系设计

一、实训目的

通过该项目实训，了解特殊员工群体的特征、工作性质，能够进行特殊员工的薪酬方案的设计。

二、基本知识要点

按照 Gerge T. Miovich 的思路，特殊人员具有两个特征：

其一，特殊人员在企业中处于矛盾冲突交接的位置。或者说，这些人员的工作性质、工作环境对其有着特殊的工作要求，使这类员工面对着更大的压力或需要具备专业性更强的知识和更高超的技能等。

其二，这些特殊人员工作完成的好坏对整个企业的经营业绩有着很重要的影响。因此，对他们进行激励不仅仅在于提高局部的效率，而是有着全局意义的重要问题；同时，配合他们本身的特殊性，就要求这样的激励具有很强的针对性和独特性。

按照这样的特征要求，我们认为典型的特殊人员包括的公司董事、高层经理人员、销售人员、行业核心技术研发人员、驻外人员以及非正式雇员（尤其在公司外包的人力资源比例较大时）。

1.高层管理人员薪酬激励的关键

高层管理人员薪酬激励的关键包括：长期激励和短期激励的平衡；考核指标和标准一定要科学；经理人员的收入和其他人员收入的平衡。

企业的价值是大家一起创造的，经理人的收入和一般员工的收入一般保持什么样的水平比较合适，不同的人有不同的说法。管理大师德鲁克说，一把手的收入最低应是一般员工的200倍，才可以保持足够的激励。国有企业一般控制在10倍以内。

2.销售人员的薪酬激励方案

（1）销售人员的薪酬方案。

①纯佣金制；

②基本薪酬+佣金；

③基本薪酬+奖金；

④基本薪酬+佣金+奖金。

（2）销售人员薪酬激励的关键。

领导的作用：销售团队领导人的管理艺术、技巧、专业技能、性格、人格魅力是一个团队是否有战斗力的关键。

分工明确，职责清晰：管理的首要工作就是科学分工。只有每个团队成员都明确自己的岗位职责，才不会产生推诿、扯皮等不良现象。如果队伍中有人滥竽充数，给企业带来的不仅仅是工资的损失，而且会导致其他人员的心理不平衡，最终导致公司整体工作效率下降。

建立层级管理秩序：为了提高各级主管的责任心和管理能力，确保整个销售管理链的良性运转，同时提升基层销售员工的团队归属感和向心力，必须在销售团队内实行逐级汇报、逐级负责的层级管理秩序。

制定工作标准，并让团队成员清楚工作标准：缺乏工作标准，往往导致员工的努力方向与公司整体发展方向不统一，造成大量的人力和物力资源浪费。因为缺乏参照物，时间久了，员工容易产生自满情绪，导致工作懈怠。制定工作标准应尽量做到数字化，要与考核联系起来，注意可操作性。

责、权、利相统一，并公正公开：让个人利益与公司整体利益统一起来。责任、权力和利益是管理平台的三根支柱，缺一不可。缺乏责任，公司管理混乱，进而衰退；缺乏权力，管理者的执行就变成废纸；缺乏利益，员工就会积极性下降，消极怠工。

3.专业技术人员的薪酬管理

①基本薪酬与加薪。专业技术人员的基本薪酬往往取决于他们所掌握的专业知识与技术的广度与深度以及他们运用这些专业知识与技术的熟练程度，而不是他们所从事的具体工作岗位的重要性。

②奖金。一般说来，在专业技术人员的薪酬体系中，奖金的重要性不大，即使有一定的奖金发放，奖金所占比重通常也比较小。

③福利与服务。在福利和服务方面，专业技术人员对于一些常规性的福利往往不是很感兴趣，但是他们却非常看重继续受教育和接受培训的机会。

4.外派人员薪酬的定价方式

在确定外派人员薪酬时，不同的企业可能会选择不同的方法，以适应企业特殊环境和特殊需求，一般来说具体的做法包括：谈判法、当地定价法、平衡定价法、一次性支付法和自助餐法。

①谈判法。在这种薪酬方式中，生活费用、居住成本、税率等问题往往并不是双方考虑的重点，最终达成的结果在很大程度上取决于双方的谈判技巧以及员工执行特定任务的愿望。

②当地定价法。当地定价法是指向处于类似职位的外派人员支付与东道国员工

相同的薪酬。需要提及的是,当企业要把员工从生活水平较低的国家派往生活水平较高的国家时,采用当地定价法的原因是不言而喻的。如果员工必须缴纳比国内水平要高的房租、水电费、交通成本、子女教育费用,企业就必须给予员工足够的补贴,这样才能为外派员工提供基本的工作和生活条件。

③平衡定价法。平衡定价法的目的在于通过支付给员工一定数量的薪酬,确保员工在东道国享受与母国相同或相近的生活水平,并使其生活水平与母国同事始终有一定的可比性。

④一次性支付法。当企业使用一次性支付法时,其会在员工的基本薪酬和各种奖金之外附加一种额外的补贴。这笔钱通常都是一次性支付的,员工可以随心所欲地支配,而这种随意支配不会对员工现有的薪酬造成任何影响。

⑤自助餐法。自助餐法顾名思义就是指企业向员工提供不同的薪酬组合来供员工选择,即在总薪酬量一定的情况下,外派人员可以选择自己认为最理想的薪酬构成其薪酬水平。

三、实训内容与要求

跨国公司外派人员的薪酬设计①

一、跨国公司外派人员薪酬的特征

1.跨国公司外派人员薪酬收入水平更高

由于外派人员面临着跨国文化差异、预期收益的不确定性、环境压力、职业生涯发展的不连贯等风险,跨国公司往往会给予外派人员比国内员工更高的基本工资,同时为了让外派员工适应新环境,也为了让外派人员享受与国内员工同样的福利水平,跨国公司还对外派人员给予各方面补贴,这些补贴与绩效奖励、基本工资构成了外派人员的收入。而其他人员由于在国内工作,没有驻外津贴、税收等补贴,因而他们的薪酬只是由基本工资、绩效奖励以及少量补贴组成,相应地就会比外派人员薪酬要低。

2.跨国公司外派人员薪酬标准取决于外派期限长短

多数外派人员的外派期限为2~5年,对于这部分员工,他们的薪酬会按国内的标准来确定。但是如果公司在外派某一员工初期就决定其外派期限长于5年,那么该员工的薪酬就会实现当地化。也就是说,跨国公司外派人员的薪酬会受其外派期限影响。而其他人员由于在国内工作,不需要考虑外国薪酬,因而只有一种国内薪酬标准。

3.跨国公司外派人员薪酬差异化更明显

外派人员薪酬水平会根据其外派国家的经济状况而定,不同国家同一级别的经

---

① 周劲波. 跨国公司外派人员的薪酬设计研究 [J]. 安徽商贸职业技术学院学报:社会科学版,2015(1):18-21.

理人员的报酬可能存在很大差别。同时，由于跨国公司主要是外派技术型人才和管理型人才，而这些人才基本都是根据"能力"来获取工资的，因而具有更明显的薪酬差异化。而其他员工的薪酬主要是参考国内工资标准，同工之间薪酬差异不大。

4.跨国公司外派人员薪酬采取秘密发放方式

跨国公司管理层认为，由于外派人员业务能力以及所处地方经济状况不同，外派人员之间薪酬差异较大，秘密发放薪酬有利于团队的稳定，发挥团队的合作精神，同时可以保护低收入者的自尊心，避免同事之间的攀比。因而，外派人员的薪酬基本是采取秘密发放的方式。而国内其他人员的薪酬由于差异化不明显，员工之间的工资差别不大，因而大多数采取透明发放方式。

二、跨国公司外派人员薪酬构成

1.基本工资

外派人员的基本工资通常与在母国类似职位的基本工资水平相同，以母国货币、当地货币支付，或两种方式结合使用。

2.驻外补贴

驻外补贴通常只为母国外派人员和第三国员工提供，作为到海外工作的一种补偿。驻外补贴一般为基本工资的 5% ~ 40%。

3.津贴

（1）住房津贴。提供住房津贴是为确保外派人员能够维持在母国的居住水准，这种津贴通常是根据估算或实际的数额发放的。

（2）探亲补贴。探亲补贴是为外派员工提供每年一次或多次的回国费用，目的是帮助外派员工缓解工作或生活压力。

（3）教育津贴。对于有子女的外派人员来说，公司将为其承担更多的责任。外派人员希望子女能在使用本国语言授课的学校接受教育，通常由母公司支付这些员工子女的学费，即教育津贴。如果在员工的外派工作地点没有提供其国内教育的学校，那么母公司就会提供津贴供其子女在国内的寄宿学校就读。

（4）安家补贴。其主要用来弥补因到海外工作才发生的重新布置家庭的费用，包括搬家费用、运输费用、购买汽车的费用，甚至包括加入当地俱乐部的费用等。

4.福利

许多公司还要保证其外派人员在国外的医疗、养老金等福利水平与在母国一致。此外，跨国公司一般都会给予外派人员额外的假期和特殊的休假。公司为这些员工及其家属一年一次探亲、应急休假和因亲人生病或病故回家探望等活动提供机票。

5.奖金

国外服务奖金是外派人员由于在其本国以外工作而得到的额外报酬，是激励员工接受国外任命的手段。外派人员生活在远离家庭和朋友的异国他乡必须应付新的文化和语言，必须适应新的工作习惯和做法，这些不适可通过国外服务奖金得到一定的补偿。大多公司的奖金比例是基本工资的 10% ~ 30%，平均为 16%。

6.税收

除非东道国与外派人员的母国间有互惠纳税协议，否则外派人员必须向母国和东道国政府双重纳税。当没有互惠纳税协议时，公司一般要为外派人员支付在东道国的所得税。此外，当东道国较高的所得税税额减少了外派人员的净收入时，公司会对此作出补偿。

三、跨国公司外派人员薪酬体系中存在的问题

1.薪酬未能起到真正的激励作用

外派人员接受外派是出于获得更高的薪酬的目的，而不是出于对企业长久发展的需要。此时的损失是无法估量的，对于子公司的发展也会有一定的影响。

2.薪酬体系针对性太强

薪酬体系相对来说更加针对那些已成家立业的人，而对于那些踏入社会时间不是太长并且没有结婚的人来说，他们没有孩子，也就没办法享受这些教育津贴等，他们心里会感到不平衡，他们会觉得公司对他们不够重视，从而觉得不管自己做得多好公司都是不会认可的，从而导致工作以及心理上的消极。

3.薪酬体系的制定缺少员工的参与

现在各企业都开始强调员工参与公司管理，但是很少有公司让员工参与薪酬体系的制定。公司很少去分析员工的真正需求，去征询他们对于改进薪酬体系的意见。即使公司制定了很多奖励措施，很多情况下也只是公司的一厢情愿，使得公司的成本高而又没有起到应有的激励作用。

4.跨国公司外派人员薪酬设计存在同工不同酬的现象

在各种可能的约束条件下，外派人员对公平性的要求是外派人员薪酬管理中的一个关键性因素。具体来说，这种公平性包括外派人员与国内同事之间的公平、外派人员与子公司同事之间的公平以及外派到不同子公司的人员之间的公平。由于外派人员的薪酬水平与其外派到的子公司所在国家的经济状况有关，也就有可能出现同工不同酬的现象，所以大多数外派人员更愿意去那些经济发达的国家，从而获取更高的报酬。

5.外派人员薪酬发放不透明

现在大多数跨国公司都采用秘密发放薪酬的方式，认为这样有利于自己团队的稳定和发挥团队的合作精神，并可以保护低收入者的自尊心，避免同事之间的攀比。这是有一定的道理的，但是真正能做到绝对保密的公司是不存在的，那都是理想化的。

6.缺少薪酬与绩效挂钩的考核内容

虽然薪酬与绩效挂钩有助于调动外派人员的积极性，也有助于帮助跨国公司挑选和晋升优秀的综合业务人才，但是以何种标准考核外派人员的综合能力还有待验证。中国大多数对外投资企业并未形成严谨、规范的外派人员绩效评估系统，通常使用单一的基于业绩的评估，以投资收益或利润为指标，以母国总部评价意见为主或以东道国当地评价为主，较少考虑文化差异等，使得绩效评估失去全面性，对外

派人员的监督、控制、激励作用也被削弱。

要求：阅读案例，根据案例中介绍的公司外派人员现行薪酬方案和薪酬管理中存在的问题，设计跨国公司外派人员的薪酬方案。

四、实训时间

4课时。

五、实训成绩评定

实训成绩评定按优秀、良好、中等、及格和不及格5个等级评定。

成绩评定参考以下准则：团队合作情况；学生态度，参与积极性；方案的质量。

实训成绩评定比例：实训环节表现占70%，实训方案质量占30%。

附 录

YN公司技术类员工薪酬设计①

一、公司简介

YN公司成立于2009年，是从事各类电力设备、电站辅机设备、环保设备及水处理设备的产品研发、设计、成套销售、制造和售后服务的专业化公司。公司主要产品和业务有焦炉煤气脱硫化氢、焦炉烟气、电厂锅炉、城市供暖、玻璃窑、水泥窑、工业烟气的除尘、脱硫和脱硝、VOC_8的治理、湿式电除雾、各类钢结构、空冷清洗和喷淋降温及水处理系统等。公司拥有自己的生产、销售、技术团队和科技研发专利。公司对产品质量要求较高，在一定程度上获得了顾客的认可。

YN公司从创立以来就致力于打造环保品牌，成为行业第一，将"产品与产品的差异在于细节"作为企业的经营宗旨，注重产品的质量管理，始终以创新、超越、务实、共赢的企业文化经营业务。有效的质量管理不仅保证了产品的有效性、为用户节约了投资，也对环境保护和节约资源起了不可小觑的作用。

二、YN公司技术类员工薪酬现状及分析

1.公司技术类员工薪酬设计原则

公司技术类员工薪酬设计与企业的年度生产经营效益密切相关，按照市场化原

---

① 杨欣. YN公司技术类员工薪酬设计研究［D］. 南京：南京理工大学，2019.

则、工资总额增幅不超过企业效益增幅的原则以及效率与公平兼顾的原则,绩效考核方式由总经理确定,无明确的成文的绩效考核制度和薪酬管理制度。

2.YN公司技术类员工薪酬构成

(1)工资。

这里所讲的工资指的是员工的岗位工资,公司根据员工的职位等级确定工资水平,基本工资和技能工资随着公司经营状况以及职位的变化而变化,不同的岗位员工有着不同的工资水平,没有工龄工资。固定工资根据同行业水平和领导意愿确定,没有加班工资,具体工资包括每月按时发放的固定工资以及年薪工资。

(2)奖金。

在YN公司,薪酬的重要组成部分是奖金,年薪的奖金制是公司技术类员工薪酬的主要评判标准。奖金主要包括季度奖金、年终奖金、绩效奖。根据不同的岗位,奖金的数额也有所差异,具体奖金数额由高层管理人员依据技术类员工工作表现和为公司所创造价值的大小来确定。技术管理层员工的奖金由公司高层管理人员确定。在公司任职超过1个季度的正式员工均可获得季度奖金;在公司任职超过1年的正式员工方可发放年终奖金;在任职期间为企业作出重大贡献的可根据实际情况发放绩效奖金,绩效奖金包括工作考核奖、综合效益奖等,也包括绩效处罚,与技术类员工的工作表现和企业的经济效益挂钩。不满足奖金发放条件的则不予发放。奖金的发放标准和评判标准没有成文的严格规定,具有一定的随意性,奖金数额大小不一。

(3)福利津贴。

YN公司的福利政策比较简单,除了国家法律规定的项目,还包括公司推行的节假日礼品(中秋节发放月饼、端午节发放粽子等)等福利。法定福利包括做五休二的公休假、社会保险、带薪休假等。公司员工享受的具体福利包括保险福利、节假日福利。保险福利包括养老保险、医疗保险、工伤保险、生育保险、失业保险5种法定社会保险和住房公积金,工伤保险和生育保险由公司完全承担,个人无须缴纳,其他三种保险和住房公积金由个人和企业按比例共同承担,公司按照国家法律规定正常缴纳,个人部分由公司从员工工资中代扣代缴。此外,公司还提供一些津贴,包括带薪休假、出差补贴、话费补贴等。病假期间月病假工资为本地最低工资标准的80%,出差补贴只有出差的技术人员才能享受,长期在公司本部的则不能享受,技术类员工均可以享受话费补贴。

三、YN公司技术类员工薪酬设计存在的问题及分析

1.薪酬制度不清晰

技术类员工对现行薪酬的满意度并不高,薪酬的激励作用没有得到充分的发挥,60%的技术类员工认为薪酬激励效果差。因此,YN公司应该对公司发展起关键作用的技术类员工设计一套具有明显激励作用的薪酬策略,对加班和经常出差的技术类员工给予补贴和关心,对努力工作有突出贡献的技术类员工给予实质性奖励,而对于一些有意拖延进度的员工采取有效的惩罚措施,让员工看到制度的公平

性和合理性，在保证制度有效发挥作用的前提下，给予员工足够的关心，让员工感受到自己的价值和意义。

2.薪酬构成比例不合理

YN公司技术类员工的工资构成是：月固定工资＋年薪＋福利。公司目前技术类员工固定工资与浮动工资的比例是60：40，但是根据问卷调查结果，65%的技术类员工认为固定工资与浮动工资的比例应该为50：50。通过对调查问卷结果进行统计分析发现，YN公司的薪酬结构非常不合理，主要表现在对福利政策的不满意，约有67.5%的员工认为福利政策对工作积极性没有影响，YN公司的薪酬结构亟待改变。

3.薪酬激励效果不佳

薪酬激励性差突出表现在技术类员工的工作周期和公司的福利制度上。YN公司对这些元老级的技术类员工的薪酬发放方式为年薪制，由于每个项目会根据实地情况、项目造价、建造难度的不同使工期有所差异，为每个项目设计图纸所需要的时间也会不同，图纸的设计期限无法进行明确的规定，技术类员工也就容易产生偷懒的心理，本来一个星期可以做完的工作会延长至两个星期甚至更久。

4.公平性不足

公司成立初期，YN公司的薪酬是由管理者根据自身经验决定的，各种绩效考核方式等都没有达到量化的程度，很多考核标准都是总经理决定，没有成文的规定。在这种情况下，员工薪酬往往易受到管理者主观偏好的影响，经验决策通常会导致公平性的缺失。只有把绩效考核量化，才能作出令人信服的决策，才不会打消技术类员工工作的积极性。收回的调查问卷中约有20%的员工认为YN公司的薪酬制度不公平，25%的技术类员工对绩效考核标准不清楚，这就容易发生有失公平的现象，影响技术类员工的工作积极性。

四、YN公司技术类员工薪酬设计方案

1.薪酬策略选择

薪酬策略主要有领先型薪酬策略、滞后型薪酬策略、跟随型薪酬策略和混合型薪酬策略四种类型。领先型薪酬策略是指采取高于市场薪酬水平的策略，通常适用于投资回报率较高、薪酬成本较低、企业竞争者较少的大规模企业；滞后型薪酬策略与领先型薪酬策略相反，适用于小规模企业；跟随型薪酬策略则介于领先型薪酬策略和滞后型薪酬策略之间，主要以市场平均薪酬水平为依据来确定本企业薪酬定位；混合型薪酬策略，顾名思义就是，对不同类型的岗位和不同类型的员工采取不同的薪酬水平决策，摒弃对所有的员工和岗位采取相同薪酬水平的决策。本书根据YN公司的战略目标、企业文化等，选择相对灵活的混合型薪酬策略，对不同类型的岗位和不同类型的员工采取不同的薪酬水平决策。

技术类员工作为YN公司的关键人才，其薪酬策略应与普通的员工区别开来，这是技术类员工薪酬策略选择的主要原则，根据不同的岗位制定不同的薪酬策略，即以岗定价。所有的工作岗位都有行业价格，因此，技术类员工也应该有其定薪标准。根据不同的员工制定不同的薪酬策略，即以能力定薪，不同的人由于个人能力的差异即使处于相同的岗位也会发挥出不一样的价值，因此对于同岗位的员工也应该采取灵活策略，根据个人能力的不同制定不同的薪酬。最后一部分是福利收入，这部分收入属于激励收入，用于激励员工不愿意干而企业想方设法让他干的工作，多为企业创造额外的附加价值。

2.薪酬构成

（1）基本工资。

①岗位工资。

首先，根据不同技术岗位的性质赋予相应的权重，见表9-1。

表9-1　　　　　　　　　　　　　　岗位权重表

序号	知识技能	承担责任	总计	适合岗位
1	40%	60%	100%	高级技术员、设计主管、高级工程师
2	50%	50%	100%	设计师、工程师
3	70%	30%	100%	技术员、工程助理、助理设计师

其次，评估小组根据海氏评估法对岗位进行评估，得出各岗位的评估分，岗位评估分=知识技能分 + 解决问题能力分 + 承担责任分，其中知识技能分和承担责任分为绝对值，解决问题能力分为百分比，需要经过调整。具体计算公式为：岗位评估分=知识技能分×（1 + 解决问题能力分）×权重 + 承担责任分×承担责任权重。评估人员在进行评估时需要注意只能针对岗位评分，不能与人挂钩。在评估后需要进行计算，再进行综合评估，保持前后平衡。每个技术类岗位对应的评价点数见表9-2。

表9-2　　　　　　　　　　　　　　岗位评价点数表

职位	岗位评价点数
生产工艺	236
质检	278
助理设计师、工程助理	356
机械设计、电气设计	432
工程师	440
质检主管、生产主管	475
设计主管	505
高级工程师	561

再次，对工资等级进行划分。一般情况下，每个岗位根据其价值对应不同的工资。在实际操作中，一般将多种类型的岗位根据其价值排序并分成若干等级，将价

值相近的岗位划分为同一等级，这就是工资等级划分。根据工资评级后，得到各岗位价值的评估分，将价值评估分相近的岗位编入同一等级。划分的总体原则为：划分的等级不能太少，将价值相差过大的岗位划分为不同等级；划分的等级也不能过多，价值稍有不同就划分为同一等级。根据YN公司的实际情况和岗位评估的结果，将YN公司技术类员工岗位进行如表9-3所示的划分。

表9-3 YN公司工资等级划分表

等级	一级	二级	三级	四级	五级
评估分数	230~300	300~380	380~460	460~520	520~600
中位值	265	340	420	490	560

最后，确定薪点值，得出岗位工资。级差表示了相邻等级之间工资的差别，结合YN公司具体情况，将薪资的等级差别化，等级越高级差越大，以激励员工工作的积极性。级差的大小可以通过薪点值体现，将每个岗位价值的评估分转成岗位工资。例如，可以假设每点为5元，即薪点值为一级的岗位的评估中位值为265，则一级技术类员工的薪酬水平为5×265=1 325（元）。薪点值大小的设置主要考虑两个因素：一个因素为公司年度工资的总预算；另一个因素为该岗位在市场上的薪酬水平。有时两个因素会出现矛盾，此时需要根据具体情况进行分析，既要控制薪酬成本，也要避免公司岗位水平大幅低于市场平均水平而打击员工工作积极性。综合考虑以上影响因素，YN公司的岗位工资状况见表9-4。

表9-4 YN公司岗位工资状况 单位：元

等级	中位值	工资水平
一级	265	1 325
二级	340	1 700
三级	420	2 100
四级	490	2 450
五级	560	2 800

②学历工资。

加入学历工资弥补了员工薪酬管理的不足，使学历的高低在薪酬中能有所体现，也使员工前期的投入、付出有所回报，为其余员工在闲暇时间提升自身能力提供了动力与发展目标，有利于提高企业员工的综合素质。技术类员工学历工资等级划分见表9-5。

员工应拿相关的学历证书，待人事部审核后，才可得到学历工资，学历证书复印件由人事部存档；成人自考、函授取得的学历同等有效。

表9-5 技术类员工学历工资等级划分 单位：元

学历等级	学历工资
大专以下	0
大专	200
本科	400
研究生	700

③工龄工资。

为了体现对老员工的关怀，需要在原有的薪酬构成中加入工龄工资，以员工的工龄为计算依据。根据企业的实际情况，连续工龄每满一年，月工资增加30元工龄工资。发放说明：员工工作满一年者，享有工龄工资，不足一年不计工龄工资。工龄工资以10年为封顶期，以后不再增加。无工作经验的新员工基本工资和各种补贴每月按照不低于3 000元的标准发放，有工作经验的员工基本工资和各种补贴按照每月不低于4 000元的标准发放，管理层的员工基本工资和各种补贴按照每月不低于5 000元的标准发放。

（2）浮动工资及年终奖。

①绩效工资。

绩效工资将员工的收入与个人绩效挂钩，采用客观评价和主观评价相结合的方法，以员工在考核期内的表现为主要依据，判定绩效考核成绩。绩效工资基准额由公司高管根据市场行情与公司实际发展情况确定，见表9-6。

表9-6 绩效工资基准额 单位：元

岗位	基准额
技术员	800
助理设计师、工程助理	900
设计师、工程师	1 200
高级技术员、设计主管	1 400
高级工程师	1 600

绩效工资的计算方法是，将每位员工的月综合考核得分转化为绩效系数，得出绩效工资，计算公式如下：

绩效工资=绩效工资基准额×考核得分÷100

②加班工资。

加班工资执行标准如下：

正常工作日超时工作，超时工作薪资为平均日工资的1.5倍；

公休日超时工作，超时工作薪资为平均日工资的2倍；

法定节假日超时工作，超时工作薪资为平均日工资的3倍。

③其他。

科学完整的薪酬方案应该包括具体的奖惩条例，奖励或惩罚的数额计入工资一并发放或扣除。具体的奖励条件和惩罚条件分别见表9-7和表9-8。

表9-7　　　　　　　　　　　　公司奖励表

奖励指标	考核周期	奖励条件	奖励
全勤奖	月度	在考核周期内无迟到、早退、旷工、私自外出、请假以及经公司认定的其他情况	150元（每月）
优秀员工	年度	一贯忠于职守、认真负责、任劳任怨，保证完成甚至超额完成本职工作的敬业楷模者，每年不超过5名	500元（每年）
合理化建议奖	月度	积极主动为公司经营提出合理化建议，获得采纳并取得明显效果者，按次计算	50元（每月）

表9-8　　　　　　　　　　　　公司惩罚表

项目		罚款标准
出勤	迟到、早退、私自外出	小于10分钟　　5元/次
		小于30分钟　　10元/次
		大于30分钟　　半天工资/次
	旷工	第一天　　罚1.5倍日工资
		第二天　　罚2倍日工资
		两天以上　　视自动离职
	违反规定	按造成经济损失的50%进行罚款

年度奖金与公司一年的利润相关，根据YN公司实际发展状况，该公司50%的利润由技术类员工创造，因此，需要发放合理的年终奖金作为技术类员工的工作报酬。具体年终奖发放标准见表9-9。

表9-9　　　　　　　　　　　　年终奖发放标准

发放条件	年终奖占利润百分比
利润低于上年的80%	0
利润为上年的80%～120%	8%
利润高于上年的120%	10%

（3）福利津贴。

企业福利主要包括经济型福利与非经济型福利。经济型福利主要包括：

①社会福利。

为进一步保障员工的基本福利，企业应为员工缴纳一定比例的社会保险费，解决员工一定程度上的后顾之忧，使员工老有所养、病有所医，基本的社会保险包括医疗保险、养老保险、大病医疗保险、失业险、生育保险及工伤保险等。

②住房福利。

企业每月为员工缴纳一定比例的住房公积金，让员工在买房、装修时可对公积金进行提现或置换，减轻员工的购房压力，减少利息的支付。

③带薪休假福利。

根据国家相关政策的规定，员工在以下情况下可以享受带薪休假的福利：国家法定节假日、产假、探亲假、婚丧假、工伤假等，除国家法定节假日、婚丧休假期间按照正常工资发放外，带薪休假期间月工资为本地最低工资标准的80%。

④其他经济型福利。

企业在员工工作期间发放节日慰问物品、节日慰问费、取暖费、高温补贴费，并提供体检福利、生日福利、安全卫生福利，加强员工的归属感与忠诚度。

非经济型福利包括：

①支持员工或为员工提供培训、继续接受教育的机会。

②为员工提供良好的工作环境。

③创造良好的企业文化、工作氛围。

④授予员工各种荣誉称号，满足员工的心理需求。

实训十 薪酬体系设计

一、实训目的

通过该项目实训，能够综合设计某一企业（事业单位）的薪酬方案，即基本薪酬设计、奖金设计和福利设计。

二、基本知识要点

薪酬方案包括三大部分：基本薪酬、可变薪酬和福利。

（1）基本薪酬，指员工因完成工作而得到的周期性发放的货币性薪酬，其数额相对固定，用来维持员工的基本生活需求，同时也为企业薪酬符合国家或当地政府现行最低工资保障法规提供制度保障。基本薪酬具体包括职位薪酬和技能薪酬。

（2）可变薪酬，指员工因部分或完全达到某一事先制定的工作目标而给予奖励的薪酬制度，这个目标是以个人、团队或组织业绩或者三者综合的预定标准来制定的，其实质就是将薪酬与绩效紧密结合，可以看作是对基本薪酬的调整。

可变薪酬主要分为三类：

一是与个人业绩关联的工资：是用来奖励达到与工作相关的绩效标准的员工个人。基于业绩的级差，需要定义什么是适合于此工作的有效的绩效衡量标准。

二是与团队业绩关联的工资：是用来奖励员工的集体绩效，而不是每个员工的个人绩效。当团队的所有成员都为实现目标作出了贡献的时候，团队奖励计划是最有效的，但团队中个人贡献的大小是不一样的。

三是与企业业绩关联的工资：是通过一个预定的比率，在组织和员工之间分配由生产率提高带来的收益。

（3）福利，指员工作为企业成员享有的、企业为员工将来的退休生活及一些可能发生的不可预见事件（如疾病、事故）等所提供的经济保障，其费用部分或全部由企业承担。典型的福利包括健康福利、带薪休假、退休计划、额外补贴等。福利中有一部分是具有政府强制性的法定福利，如社会养老保险、工伤保险、医疗保险等；另一部分则是自愿性的非固定的福利，可由组织自行设置，为法定福利的补充。

三、实训内容与要求

在实地调研的基础上，获取企业背景、人力资源信息、现行薪酬方案的信息，并通过分析现行薪酬方案、访谈和问卷调查等方式分析企业薪酬管理存在的问题，在此基础上，进行基本薪酬的设计、奖金的设计、福利的设计。其中，基本薪酬的设计需要确定薪酬等级的数量、薪酬的区间；奖金的设计需要确定不同类型岗位的奖金类型、奖金的基数和系数。

四、实训组织与步骤

第一步，学生组建团队并进行分工。

第二步，确定目标企业。

第三步，实地调研，获取企业简介、人力资源信息、现行薪酬方案的信息。

第四步，通过分析现行薪酬方案、访谈和问卷调查等方式分析企业薪酬管理中存在的问题。

第五步，根据教师的授课进度，按计划、按流程完成相应内容（根据相应节点提交给教师以便检查与督促）。

第六步，形成最终成果。

第七步，期末课堂展示。在展示环节，其他小组提出质疑，每组提出一个问题，由展示小组成员解答。

第八步，教师总结，提交系列成果。

五、实训时间

实训时间和安排见表10-1。

表10-1 实训时间和安排

授课内容	阶段性成果	提交时间	团队成员分工
导论 战略性薪酬管理	企业简介、企业战略、人力资源信息、现行薪酬方案的信息	第六周	
基本薪酬管理	企业员工基本薪酬设计方案	第十周	
奖金管理	企业员工奖金设计方案	第十二周	
最终成果	《××企业薪酬方案设计研究》		

六、实训成绩评定

实训成绩评定按优秀、良好、中等、及格和不及格5个等级评定。

成绩评定参考以下准则：团队合作情况；学生态度，参与积极性；方案的质量。

实训成绩评定比例：实训环节表现占70%，实训方案质量占30%。

附　录

济州岛餐饮公司薪酬方案设计①

济州岛餐饮公司（简称济州岛公司）始建于2005年，公司主要以餐饮、高档客房、健身休闲、温泉洗浴、商务会议、生态园等为主要经营项目，其中，自助餐厅融汇了韩式、中式、日式几种料理。公司始终秉承着"实现员工自我价值，创造百年常青老店"的宗旨和"用心做事，用情做人"的核心理念。历经十多年的发展，在公司领导和全体员工的共同努力下，公司每年都能实现经营目标，业绩持续稳定增长，并不断扩大规模，现已成立六家分店，占地面积约30 000平方米，拥有员工数量约1 000人，是一家大型综合性的餐饮服务公司。

一、济州岛餐饮公司现有薪酬体系存在的问题

1.薪酬水平偏低且缺乏竞争性

当前，全国众多餐饮公司的薪酬调查结果都显示一线员工薪酬水平低、工作时间长且劳动强度大，导致很多餐饮企业服务人员辞职从事其他行业工作，人员流失率较高。济州岛公司在初创期薪酬水平较高，在当地同行业中处于领先地位。随着经济发展及物价水平的不断提高，虽有过几次调薪，但涨幅较小，逐渐失去竞争优势。通过比较可知，较低的薪酬水平使其对外竞争力不足，无法吸引、留住员工，导致人员流失现象严重。

2.薪酬结构单一且激励性不足

济州岛公司现在的薪酬结构仍然比较单一和传统，未重视软薪酬在薪酬管理中的重要性，并且工龄工资取决于工作年限，达到一定涨幅就不再增长，岗位工资和满勤奖都是固定工资，这三项占工资总额的比例较小。基本工资占工资总额比例最大，与同行业比偏低。绩效工资作为差异化工资，是对部门完成目标的奖励，具有激励的性质。济州岛公司目前没有明确的量化考核标准，单纯依据目标完成比例进行奖励，考核方法简单粗暴，出现部门大锅饭现象，难以体现个人的业绩，表面上

---

① 林立萍.济州岛餐饮公司薪酬方案设计［D］.长春：吉林大学，2019.

看减少了员工间的冲突和矛盾，实际上不利于营造和谐的团队关系，考核结果缺乏公平性和客观性，挫败了员工的积极性和效率，激励作用不强。

3.调薪幅度凭感觉且有失公平性

通过沟通和了解发现，济州岛公司的薪酬管理制度不够公开、透明，严重影响薪酬管理工作的有效开展。Pankaj M.Madhani（2009）认为，薪酬管理需要员工参与，通过民主的方式让非管理人员或者非人力资源部门的员工参与进来，提高薪酬方案的认可度。该公司薪酬管理制度主要由管理者依据经验和主观意愿决定，大部分员工不了解涨薪的具体依据和标准，涨薪幅度极易受人情关系影响。而大部分员工工作在基层，与管理者直接沟通的机会较少，人情关系淡薄，出现干多干少一个样的现象，甚至员工的付出与回报不对等，有失公平性。因此，工作满意度不高，无法投入足够的工作热情。

二、薪酬结构设计

1.基本薪酬

基本薪酬作为员工薪酬最基本的保障部分，是员工薪酬的主要部分，对员工来讲是一种实实在在的稳定的报酬。基本薪酬也是计算其他薪酬的依据，具体见表10-2。

表10-2 济州岛餐饮公司基本薪酬范畴

岗位层级	岗位名称	基本薪酬范围（元/月）
中层管理者	营业部主任、办公室主任、厨师长	5 000～5 500
基层管理者	餐厅部长、客房部长、保安部长、后勤部长、大堂经理	2 800～3 300
服务员	餐厅服务员、客房服务员、大堂服务员、保洁员、收银员、保安、洗碗工、洗衣工、吧员	2 100～2 500
行政后勤	人事、会计、出纳、库管、水电工	3 000～3 500
厨师	中餐厨师、韩餐厨师、日本料理厨师	4 500～5 000

2.绩效薪酬

个人绩效薪酬根据个人月业绩完成指标情况进行奖励，通过差别化的薪酬，鼓励员工的积极性和创造性。奖励形式以现金奖励为主，职位晋升为辅。管理者要关注员工的绩效考核结果，对那些出色地完成业绩指标的员工不仅给予现金奖励还要有口头上的表扬，及时给予肯定，以此激发员工的工作积极性和热情。同时将考核结果作为员工职位晋升的参考依据，对那些能力超出职位要求的员工，要积极提拔任用，鼓励员工，增强员工的信心。个人绩效薪酬考核以员工所在部门岗位说明书记录的项目和比例为依据，进行计算。部门绩效薪酬是根据部门每月业绩完成情况给予的劳动报酬，旨在激励团队共同合作，提升团队凝聚力。部门绩效薪酬按部门岗位说明书的要求进行核算。

3.加班薪酬

加班薪酬指员工在工作时间以外继续工作所获得的劳动报酬。公司严格按照劳动法的相关规定，合理安排员工的工作时长和给付报酬标准。具体标准是：

在正常工作日延时工作的，支付员工正常工资标准的1.5倍；

在休息日加班又不能补休的，支付员工正常工资标准的2倍；

在法定节假日安排加班的，支付员工正常工资标准的3倍。

4.福利薪酬

福利薪酬是一种补充性的薪酬，是提升员工满意度的关键因素。既然福利薪酬也是一种报酬，就应当以员工付出的劳动为对价，给予相应的福利作为补偿。

公司按照员工对企业贡献的大小将福利薪酬划分为不同的等级层次，当员工业绩达到不同的区间幅度就享受相对应的福利，每个区间的福利是不一样的。同时根据国家的法律法规的规定，为全体员工设定基本的福利保障，即"五险一金"，该项福利是全体员工都应该享有的。企业要将这些福利写进员工手册，让全体员工知悉，以此鞭策员工努力工作，多劳多得。

当然，公司应根据市场经济环境、自身经济效益、员工的喜好以及同行业福利薪酬的变化，进行调整优化。但不管怎么变化，公司始终要做到标准公开，言行一致，公正兑现。通过特有的福利薪酬真正吸引员工，激励员工，增加员工的认同感，让员工的目标始终与企业目标一致，实现双赢。

5.薪酬的柔性部分

（1）员工晋升发展。学习成长或者说功成名就应该是每一位踏入职场的年轻人梦寐以求的目标，因此，公司应采取横向轮岗制和纵向职位晋升的方式培养员工，提升员工的忠诚度。内部轮岗制是通过轮岗来丰富员工的工作经验，接触新事物，促进员工快速学习、成长；纵向晋升发展是在员工手册或者岗位说明书中明确说明员工的发展路径以及每个职位所应具备的条件、任职资格等，让员工有清晰的职业规划路径，以此不断努力奋进。另外，公司也可根据实际情况，定期为员工安排各种培训，提升员工的工作能力。

（2）心理收入。心理收入就是人们常说的人文关怀，包括员工所处的工作环境、人际关系、工作内容的趣味性以及多元化的活动等。在大多数企业中，这部分还是十分缺乏的，不被企业重视。其实，及时关注员工的心理，对提高服务质量是十分重要的。例如，员工内部钩心斗角，人际关系不和谐，拉帮结派，会严重影响员工工作的积极性，更无心做好服务，甚至加速员工的离职进程。对于济州岛公司这样劳动密集型的服务性公司来说，除了做好物质激励外，更应注重员工的心理收入，具体做法有：注重培养员工的工作兴趣；亲情化管理，营造温馨和谐的员工关系；生日或节日祝福、聚餐，员工旅游等，增强员工的归属感和忠诚度。

（3）生活质量。随着社会的快速发展，追求工作与生活的平衡也是每一位员工所向往的。有位工程师称：他每天不分白天黑夜地上班，根本没有时间回家陪伴家人，即便有再高的薪酬，也不是他所向往的生活。因此，有固定的假期及弹性的工作时间等也是对员工的一种关怀。

　　6.其他补贴

　　全勤奖是公司为了鼓励员工按时上下班，遵规守纪所给予的一种现金奖励。员工当月工作期间无病、事假，无迟到、早退现象，漏打卡次数小于 3 次的，给予每月 100 元的全勤奖。

　　工龄工资是公司给那些长时间为企业做贡献的员工的一种现金奖励。公司设立工龄工资是为了留住员工，控制员工流失率，增加员工对企业的归属感。因此，优化后的薪酬方案应该根据时间阶段设定工龄工资，最高 500 元封顶。

实训十一　薪酬满意度调查

一、实训目的

通过该项目实训，掌握员工薪酬满意度调查的设计与分析方法，能够编写薪酬满意度调查问卷。

二、基本知识要点

1.薪酬满意度的含义

薪酬满意度是反映员工对组织薪酬管理的制度、政策、薪酬体系、薪酬福利水平、薪酬结构、薪酬公平性等各种与薪酬管理相关问题的满意程度。

2.薪酬满意度的多维结构

薪酬满意度是一个多维结构，薪酬水平满意只是薪酬满意度诸多影响因素中的一个。美国心理行为学家 Heneman 把薪酬分解为下列四个不同的维度：薪酬水平、薪酬结构、薪酬体系和薪酬形式。因此，薪酬满意度可以相应地被划分为对薪酬上述四个维度的满意程度。

3.薪酬满意度的影响因素

（1）薪酬公平性。

薪酬公平性是影响员工个体薪酬满意度高低的关键因素，也是薪酬满意度的核心，它包括内部公平性、外部公平性和员工个人公平感三个方面。

（2）薪酬制度。

薪酬制度是组织对薪酬实施分配的制度形式，是贯彻薪酬战略、实现薪酬目标的组织制度框架。

（3）薪酬结构。

薪酬结构是指同一组织内部不同职位或不同技能的薪酬之间的对比关系，或是不同薪酬形式在总薪酬内部的比例关系。

（4）薪酬水平。

薪酬水平是指组织之间的薪酬关系，是组织相对其竞争对手的薪酬水平或市场平均薪酬水平的高低。

（5）薪酬管理。

薪酬管理主要涉及的是薪酬成本与预算控制方式以及企业的薪酬制度、薪酬规定和员工的薪酬水平是否保密等问题。

（6）福利及服务。

福利及服务一般包括非工作时间付薪，提供的在职及脱产培训，向员工及其家庭提供的服务，健康及医疗保健，人寿保险，以及法定的和企业补充的养老金、公积金等内容，是不以员工为企业工作的时间为支付依据的。

4.薪酬满意度调查的方法

员工薪酬满意度调查的常用方法主要有两种：一是访谈调查法；二是问卷调查法。使用调查问卷进行调查时，既可采用书面调查，也可采用网上调查。实践中，两种方法结合使用的效果要明显优于采用单一方法。

（1）访谈调查法。

访谈调查法即通过设计访谈提纲，记录谈话内容，总结观察到的现象，得出访谈调查结果。在访谈过程中，调查者既要根据访谈提纲做全面了解，又要根据受访者的背景以及具体的谈话情况进行有侧重点的深入挖掘。

一般来说，访谈调查可以分为三个阶段：访谈准备阶段、进行访谈阶段、访谈总结和分析阶段。

第一阶段：访谈准备。这个阶段的主要工作为：

◆确定访谈目标。在明确访谈目标之后，要根据访谈目标设计访谈提纲。

◆确定访谈对象。

◆组建访谈小组，明确访谈任务和分工。

◆确定访谈方式。一般来说有两种访谈方式：一种是漏斗式，即先提开放式问题，后提封闭式问题，总体思路是从宏观到微观；另一种是倒漏斗式，即先提封闭式问题，后提开放式问题，总体思路是从微观到宏观。不管采用哪种方式，访谈人员都要做到心中有数，要对整个访谈的进程有意识地进行控制，要依据访谈目标和被访谈者的特点，选择不同的访谈方式。

◆整理思路，确定访谈提纲。

第二阶段：进行访谈。在这个阶段，需要注意以下几个方面：

◆访谈时不要迟到，要注意营造良好的访谈氛围，要声明保密原则，要让被访谈者在感到安全放松的环境中进行访谈。

◆访谈过程中要注意力集中，要同被访谈者保持眼神接触，以表示对被访谈者的尊重。同时，在访谈过程中，不应完全拘泥于访谈提纲，对访谈内容要灵活掌握，以便顺利完成访谈工作。

◆访谈结束时，要总结本次访谈的要点，并对被访谈者表示感谢。

第三阶段：访谈总结和分析。在这个阶段，访谈者要仔细回顾访谈的过程和成果，及时地修改、整理和补充原始的访谈记录和要点，并适当地加入背景资料进行分析、总结，以得出访谈结论。

（2）问卷调查法。

问卷调查法是获取人力资源管理信息最常用的方法之一。问卷调查法的关键在于问卷的结构性以及问题设计。一份好的调查问卷应该是设计中既有结构性问题，也有开放性问题。

问卷调查法的优点在于效率高，调查面广，可以在一段较短的时间内，以较低的成本获得大量的信息，并可采取许多科学的分析方法对调查结果进行分析。问卷调查法的主要缺点是对调查问卷设计要求较高。问卷设计直接关系到问卷调查的成败，所以问卷一定要设计得完整、科学、合理，问题指示要明确，避免出现歧义。在问卷设计中，要求问卷设计简明精练，数量不能过多，答题时间控制在30分钟内。同时，做好问卷调查表的填写、培训和宣讲工作，并耐心接受被调查者的质疑和提问。

设计员工薪酬满意度调查问卷应注意以下问题：

第一，调查问卷中拟定的问题不能有词义不清楚的地方，要让员工一眼看上去就知道问的是什么，知道应回答什么，并能准确选择答案。问卷设计好之后要由专门人员审阅校对或进行预调查，通过审阅校对或预调查发现问题，把词义不清楚的地方修改过来。

第二，设计的选项应该有一定的可分辨度。分数等级少，难以准确衡量满意程度；分数等级太多，要求的分辨率太高，员工会感觉问卷的答案设计太烦琐，一是容易引起员工反感，二是给员工的衡量带来不便，反而导致调查准确度下降。综合大多数调查问卷设计，常用的是五级量表，一般不超过七级。

第三，如果调查题目有相关的比较内容，为实现比较的准确，要对其中一项内容的特性、特质和范围加以界定或说明。例如，要员工比较其工资水平相对高低，就需要指明比较的对象。比如可以说：在目前的生活水平下，与本地周围的企业相比，你认为你的收入水平如何？

第四，对于调查结果的失真问题，有些是可以通过合理设计问卷避免的，有些是难以避免但要尽量避免的。对于不同的企业，员工的素质会存在一定差别，因此，设计问题的复杂程度要有一定的梯度，同时注意提问的方式。对于文化程度较低的员工，问题一定要简洁易懂，保证员工对调查问卷的正确理解和回答的准确性。问卷答案的选择尽量采用打钩或打叉的方式，这样既方便又省时，保密性较好，员工也乐于接受。对同一问题，为了充分了解员工的真实想法，可以通过反复提问，即通过不同的提问方法实现多角度了解。对于企业内部不同层次的员工，可以分别设计不同的调查问题，以便了解不同层次及职位的员工对薪酬的不同满意度，但在问卷处理时会相对比较烦琐。

5.薪酬满意度调查需要注意的问题

（1）要注意调查时机的选择，不要在员工工作繁忙时进行。

（2）要注意保证调查的客观性，应尽可能采取匿名方式以获取真实信息，但要求每个被调查者注明其职务或所在的部门，以便于分析和诊断是哪个层次或职位的员工薪酬出现了问题。

（3）要注意将员工薪酬满意度的调查结果向员工进行反馈。

6.薪酬满意度调查的工作流程

（1）确定调查目的和目标。

（2）确定调查对象，是针对公司的全部员工，还是管理人员以及技术人员等部分人员。

（3）确定调查方式，是通过问卷调查还是通过访谈的方式进行。

（4）确定调查内容，影响薪酬满意度的因素是否都包括在内。

（5）进行调查。

（6）回收调查问卷并进行统计分析，或对访谈内容和结果进行分析总结。

7.薪酬满意度提高策略

（1）提高管理者的认识。

管理者要从思想上重视员工薪酬满意度的管理，重视员工的需求，要通过员工薪酬满意度调查了解员工的实际需要，为企业制定人力资源管理政策提供依据。提高员工薪酬满意度是企业人力资源管理的日常工作，是一个不断改进的过程，随着企业的情况改变而改变，没有一成不变的激励方式，也没有绝对正确的激励方式。企业管理者必须全面了解员工的薪酬满意状况及需求，制定并实施有针对性的激励措施，提高员工对薪酬的满意度，激发员工的工作热情。

（2）进行岗位测评，评估岗位相对价值。

岗位测评是根据企业的发展战略，结合企业经营目标，利用科学的方法对企业所设岗位的职责大小、难易程度、技能要求等方面进行测评，评估出各岗位的相对价值，并根据岗位相对价值和对企业的贡献度，划分出职位等级，确定各岗位之间的相对工资率和工资等级。

岗位测评是对"岗位"进行的价值判断，而不是针对实际从事这些工作的员工。我们应明确，进行岗位测评是评价某岗位应该承担的职责，而不是该岗位员工现实实际行使的职能。因此，企业要建立一套规范、合理、公正的岗位评估体系和程序，通过严格而科学的岗位测评，使各岗位之间的相对价值得到公平体现，有效地解决员工的内部公平问题。

（3）建立有效的沟通机制。

员工薪酬的内部公平度是员工的主观感受，要解决这一问题，可通过加强管理者和员工的沟通交流的方式，增强员工与管理者之间的相互信任。许多企业采用薪酬保密制度，提薪或奖金发放不公开，其目的是防止员工在知道其他员工的薪酬后，降低对薪酬管理公平度的认同。但这种封闭式制度使员工很难判断报酬与绩效之间的联系，员工既看不到别人的报酬，也不了解自己对企业的贡献，这样会削弱薪酬制度的激励和满足效用。因此，建立沟通机制是员工感受平等的有效方法，也是实现报酬满足与激励机制的重要手段。

（4）通过薪酬市场调查，确定企业的薪酬水平。

薪酬市场调查是解决薪酬外部不公平的有效手段。通过外部市场调查，以了解市场薪酬水平及动态，尤其是同行业企业的薪酬水平，从而检查和分析本企业各岗位薪酬水平的合理性，确定薪酬在市场上的地位和竞争力。实践表明，一个企业在薪酬水平的确定上可以采取与社会平均水平持平、略高于社会平均水平、略低于社会平均水平等几种方式。一般说来，企业薪酬水平要处于市场平均水平线以上才具有外部竞争力。制定与市场平均水平线相对应的或高于其的企业薪酬水平，将有助于企业吸引和留住企业所需要的优秀人才。

（5）设计合理的薪酬体系。

企业要提高薪酬满意度，必须设计合理的薪酬体系和相应的配套制度。实行岗位薪酬制度的企业，在缺少其他激励方式的情况下，绩效薪酬应当成为激励员工的主要方式，以区别在相同岗位上工作的人对组织的不同贡献。在绩效薪酬的管理中，对员工的绩效评估主要是通过对员工的行为测评和业绩测评来实现的。这就要求企业建立完整的业绩评价体系，使公司的薪酬体系富有弹性，以保证绩效薪酬能够起到对员工的激励作用。

三、实训内容与要求

实训内容：编制薪酬满意度调查方案

W公司是中国移动位于某区域的一家分公司，近年来公司的发展一直比较顺利，但是最近出现了一些员工流失的现象。通过对部分员工的访谈得知，公司的薪酬在薪酬构成、薪酬水平以及绩效奖励等方面存在问题，如各类型岗位员工的薪酬构成和比例都是一样的。但是业务类员工的绩效对其影响较大，所以在薪酬构成比例上，应采取绩效薪酬占比较大的方式。在薪酬水平上，公司员工薪酬整体趋于该区域的中等偏上水平，但是对核心人员来说，比如技术骨干、销售骨干，薪酬却不具有外部竞争性。另外，公司的绩效薪酬方案中的绩效指标不全面，没有将定性指标和定量指标综合考虑，权重的设计不合理，比如对于业务人员，偏财务指标，较少考虑顾客满意度等定性指标。针对以上情况，公司总经理决定对本公司的员工进行一次薪酬满意度调查，以了解员工在薪酬构成及比例、薪酬水平、薪酬外部竞争性、绩效奖励等方面的满意度。

要求：为这家公司设计一套薪酬满意度调查方案，可以分别运用访谈调查法或问卷调查法，也可以综合运用两种方法。

四、实训组织与步骤

建立实训小组（3~5人），以小组为单位开展以下各项活动：

第一步，明确公司进行薪酬调查的目的。

第二步，确定调查对象。

第三步，确定调查内容。

第四步，设计调查问卷和访谈提纲。

第五步，整理形成完整的薪酬满意度调查方案。

第六步，总结并编写实训报告。

五、实训时间

比较而言，采用问卷调查法的薪酬满意度调查方案，比访谈调查法更耗时、更烦琐。所以，若采用访谈调查法进行薪酬满意度调查，本项目实训时间需要1课时；若采用问卷调查法进行薪酬满意度调查，本项目实训时间以2课时为宜。

六、实训成绩评定

实训成绩按优秀、良好、中等、及格、不及格5个等级评定。

成绩评定参考准则：

①薪酬满意度调查的目的是否明确并切合公司当前需要。

②调查对象是否明确，调查方式是否合理。

③所设计的调查方案内容是否完整，访谈提纲或调查问卷内容是否具有针对性。

④实训成绩评定比例：实训环节表现占70%，实训报告质量占30%。

附　录

南京市二级及以上公立医院员工薪酬满意度研究[①]

一、问卷设计

1.量表编制过程

在初稿编制阶段，本研究在薪酬满意度量表（pay satisfaction questionnaire, PSQ）中的20个条目的基础上，结合相关激励理论和本地区医院实际情况，增加30个条目形成了问卷初稿。形成问卷初稿后，再与相关专家就调查问卷初稿的设计进行讨论，剔除调查问卷中不符合实际情况、鉴别程度低或无意义的题项，完成调查问卷的修改与完善，并正式形成公立医院薪酬满意度量表，共计40个条目。

---

① 陆雅文.南京市二级及以上公立医院员工薪酬满意度研究［D］.南京：南京医科大学，2019.

本研究采用李克特5点量表法，将满意度的评分分为非常满意（5分）、较满意（4分）、一般（3分）、较不满意（2分）和非常不满意（1分），并将满意度评分结果划分为：≥4.50分为非常满意，4.00~4.49分为满意，3.50~3.99分为比较满意，3.00~3.49分为一般，2.50~2.99分为比较不满意，2.00~2.49分为不满意，<2.00分为很不满意。

2.问卷内容

本研究的问卷调查内容主要包括基本信息和薪酬满意度量表两部分。其中，基本信息部分包括性别、年龄、婚姻状况、学历、医院等级、岗位类型、职称、职务和工作年限等。薪酬满意度量表主要包括：X1为薪酬制度体现医院发展战略，X2为医院薪酬制度协调管理制度，X3为医院薪酬制度的系统性，X4为员工参与薪酬制度制定，X5为医院薪酬制度的吸引力，X6为医院薪酬制度的激励性，X7为医院薪酬制度的公平性，X8为医院有薪酬增长机制适应员工发展，X9为薪酬调整方式适应医院运营，X10为医院有良好的薪酬制度文化，X11为与同行业医院相比所得薪酬合理，X12为与其他行业相比所得薪酬合理，X13为与本地平均薪酬相比所得薪酬合理，X14为薪酬符合工作资历，X15为薪酬符合工作岗位，X16为薪酬符合知识水平，X17为薪酬符合贡献水平，X18为同类人员不同级别间收入差距合理，X19为科室间收入差距合理，X20为编制内外人员薪酬水平差距合理，X21为针对不同人员特点制定薪酬结构比例，X22为薪酬结构体系认可度高，X23为经济性薪酬构成合理，X24为非经济性薪酬构成合理，X25为固定薪酬比例合理，X26为短期薪酬激励形式完善，X27为短期薪酬激励比例合理，X28为长效薪酬激励措施完善，X29为激励薪酬比例合理，X30为福利项目体现个性化需求，X31为医院实行内外部评价相结合的绩效考核方式，X32为绩效考核所需信息准确有效，X33为薪酬分配体现绩效优先兼顾公平，X34为员工考核程序规范，X35为绩效考核方式与结果认可度高，X36为员工参与绩效考核，X37为绩效考核以技术劳务价值为导向，X38为绩效考核结果和薪酬直接挂钩，X39为薪酬支付时间合理，X40为薪酬支付具有较好透明度，共40个条目。

二、调查对象基本情况

本次调查的965名员工中，男性310人（32.1%），女性655人（67.9%）。在年龄方面，调查对象平均年龄为（34.89±8.76）岁，以20~30岁者和31~40岁者为主，分别为379人（39.3%）和345人（35.8%）。在婚姻状况方面，已婚者占多数，共760人（78.8%）。从学历来看，分布呈现中间高两头低的趋势，本科学历者占多数，共592人（61.3%）。从医院等级来看，三级公立医院的员工443人（45.9%），二级公立医院的员工522人（54.1%）。从岗位类别来看，以医护人员为主，分别为272人（28.2%）和324人（33.6%）。在职称方面，以初级职称者和中级职称者为主，分别为393人（40.7%）和334人（34.6%）。在职务方面，一般人员占多数，为821人（85.1%），院领导和科室领导分别为13人（1.3%）和84人（8.7%）。在工作年限方面，调查对象平均工作年限为（12.01±9.88）年，以工作0~5年和6~10

年者为主，分别为275人（28.5%）和273人（28.3%）。

三、薪酬现状和期望状况

1.薪酬现状

在薪酬制度方面，现场调查发现，6家样本医院实行的薪酬制度均为岗位绩效工资制度，少部分为两种或多种工资制度的结合形式。在薪酬结构方面，现场调查发现，各医院不同人员的薪酬结构组成和所占比例较为固定。直接经济薪酬主要包括基本工资（岗位工资和薪级工资）和绩效工资；间接经济薪酬主要包括津贴、补贴和"五险一金"等各种福利。在非经济性薪酬方面，各医院对员工的成长与晋升、舒适的工作条件、工作成就感、管理水平和医院的文化氛围等较为重视。在绩效考核方面，现场调查发现，基本工资考核指标主要以学历、技术职称为主，忽略了压力、风险等因素；绩效工资考核指标主要以经济性因素为主，忽略了医疗质量、医疗满意度等因素。在薪酬水平方面，如表11-1所示，公立医院医务人员年均收入为（8.81±4.48）万元。其中，基本工资为（3.02±2.83）万元，绩效工资为（5.23±3.32）万元，津贴补贴为（0.56±1.21）万元。

表11-1　　　　　　　　　　　　**员工平均收入情况**

项目	均值	标准差
实际总收入	8.81	4.48
基本工资	3.02	2.83
绩效工资	5.23	3.32
津贴补贴	0.56	1.21

2.薪酬期望状况

在员工期望薪酬方面，员工期望年均收入为14.85元，员工期望年均工资与实际年均工资的比值为1.0～4.5倍，并集中在2.0倍左右。此外，调查对象中，认为合理的薪酬水平应比社会平均工资高2倍和3倍的人最多，分别有254人（26.3%）和319人（33.1%），认为应高1倍的有88人（9.1%），认为应高4倍的有107人（11.1%），认为应高5倍的有51人（5.3%），认为应高6倍及以上的有75人（7.8%）。在非经济性薪酬期望方面，535人（55.4%）同意非经济性薪酬能提高员工的工作积极性与职业认同感，245人（25.4%）在非经济性薪酬的激励作用上持中立态度。将医务人员对非经济性薪酬需求构成按重要性排序，排在最前面的是成长与晋升，具体见表11-2。

表11-2　　　　　　　　　　　　**非经济性薪酬需求重要性比较**

位次	需求	均值	标准差
1	成长与晋升	5.95	1.71
2	工作成就感	5.74	2.18
3	工作中被承认和赞赏	5.34	1.99
4	舒适的工作条件	5.16	2.05
5	医院的声望	4.72	2.39
6	管理水平	4.69	2.38
7	医院的文化氛围	3.91	2.70

四、公立医院员工薪酬满意度的现状分析

1.薪酬制度满意度

虽然南京市二级及以上公立医院员工对薪酬制度的满意度得分最高，为（3.61±0.95）分，处于比较满意水平，但笔者认为排除医院薪酬制度设计本身原因，这也可能是因为医院大部分员工对薪酬制度设计的参与度不够或关注度不高，受我国"中庸"思想的长期影响，在接受薪酬制度满意度调查时更愿意选择一般满意或较为满意。而根据因子分析结果，薪酬制度因子的解释变异量高达75.225，表明薪酬制度的总体设计是影响员工薪酬满意度的最重要因素。如果医院在进行薪酬制度设计时，忽略薪酬制度设计的目的，即帮助医院实现战略目标，而使得设计的薪酬制度缺乏系统性、全面性，将不利于该医院的发展，提示医院仍应重点关注薪酬制度总体设计的战略导向性。

2.薪酬水平满意度

南京市二级及以上公立医院员工对薪酬水平的满意度较低，为（3.24±0.99）分，处于一般水平，表明公立医院薪酬水平对员工的激励性较差。根据各测量指标满意度结果，通过与其他医院、其他行业的年均薪酬比较，员工对其所获薪酬的满意度最低，处于不满意水平，表明南京市二级及以上公立医院员工认为其所获薪酬的外部公平性差。同时，根据南京市统计局发布的《南京市统计年鉴2017》，本次调查中的公立医院医务人员年均工资为（8.81±4.48）万元，略低于全市城镇非私营单位在岗职工年均工资（9.02万元），远低于南京市金融业（22.42万元），科学研究和技术服务业（12.54万元），信息传输、软件和信息技术服务业（15.93万元）的在岗职工年均工资。这与医务人员教育成本不相符，更与他们高强度、高风险的工作性质不相符。笔者认为这可能是因为政府财政投入不足，也可能是因为公立医院承担了本应由政府承担的职能，如硬件改善投入、规模适度扩大等，可用于医务人员薪酬支出的费用减少，从而导致员工的薪酬水平较低。这与国内学者朱跃州等人的观点一致。因此，政府应该加大投入，医院应参考当地平均薪酬和其他医院薪酬确定薪酬水平，努力提高外部竞争力。

3.绩效分配满意度

南京市二级及以上公立医院员工对绩效分配的满意度较高，满意度得分为（3.47±0.99）分，表明相较于其他维度，公立医院绩效分配对员工的激励性较好。但值得注意的是，绩效分配满意度仍处于一般水平，具有较大的提升空间。

4.薪酬结构满意度

南京市二级及以上公立医院员工对薪酬结构的满意度得分最低，为（3.23±0.91）分，表明相较于其他维度，南京市公立医院薪酬结构对员工的激励性最差，医院薪酬的内部公平性较低。公平理论提示，员工薪酬内部的公平感有利于团队内部的稳定性和工作积极性的有效发挥。根据各测量维度满意度结果，员工对"固定薪酬比例合理"的满意度和"激励薪酬比例合理"的满意度得分分别为（3.26±

0.91）分和（3.22±0.91）分，激励薪酬的满意度低于固定薪酬满意度。

五、公立医院员工薪酬满意度的影响因素分析

1.婚姻状况

婚姻状况因素对薪酬制度、薪酬水平、绩效分配和薪酬结构这四个维度满意度的影响均具有统计学意义（$P < 0.05$），且已婚者薪酬各维度满意度均显著低于未婚者。笔者认为医院若想提高已婚者的薪酬满意度，不能简单将薪酬水平向已婚者倾斜，但医院可考虑通过采取一系列措施提高已婚者对薪酬制度、薪酬结构和薪酬分配的满意度，如加强沟通实现福利项目个性化、提高公开透明性以提高已婚者的公平感等。

2.医院等级

医院等级因素对薪酬制度、薪酬水平、绩效分配和薪酬结构这四个维度满意度的影响均具有统计学意义（$P < 0.05$），且二级公立医院员工薪酬各维度满意度均显著低于三级医院，表明二级公立医院薪酬制度的激励性较差。

3.岗位类别

岗位类别因素对薪酬制度、薪酬水平、绩效分配和薪酬结构这四个维度满意度的影响均具有统计学意义（$P < 0.05$），且后勤人员的薪酬各维度满意度均显著高于医护人员，笔者认为这可能是因为医护人员相较于其他岗位员工工作时间更长、压力更大、风险更高。

4.职称

职称因素仅对绩效分配这一个维度满意度的影响具有统计学意义（$P=0.011$），且低职称者薪酬满意度显著低于高职称者。这与国内学者杨涛、徐洪涛等人的研究结果一致。笔者认为这可能因为各医院科室绩效分配主要以技术职称为主，低职称者所获薪酬及其他待遇较差。

公立医院员工薪酬满意度调查问卷

问卷说明：

医院名称：

问卷编号：

您好！感谢您在百忙之中参与这项调查!本课题受江苏省卫生健康委员会委托，由南京医科大学组织实施，对江苏省内二级及以上公立医院的工作人员的薪酬水平、期望收入、满意度等情况进行纯学术性研究。您的真实回答将对完善我省公立医院薪酬制度提供重要参考信息。我们会对您的个人信息严格保密，并尊重您是否参加本次调查的选择。您有权利拒绝参与调查。

谢谢您的合作与支持!

江苏省卫生健康委员会

南京医科大学

第一部分　基本情况

1.性别·（1）男　（2）女

2.年龄（岁）：

3.婚姻状况：（1）未婚　（2）已婚　（3）离异　（4）丧偶

4.最高学历：（1）中专及以下　（2）大专　（3）本科　（4）硕士研究生（5）博士研究生

5.目前职称：（1）初级　（2）中级　（3）副高级　（4）正高级　（5）无

6.目前职务：（1）院领导　（2）科室领导　（3）一般人员　（4）其他

7.在本院工作年限（年）：

8.所在的岗位类别：（1）临床　（2）护理　（3）医技　（4）管理　（5）信息及工程技术　（6）后勤保障　（7）其他_____

9.过去一年内，您的税后月平均实际总工资为_____元（包括基本工资、绩效工资和其他收入）

10.过去一年内，您的基本工资每月平均为_____元

11.过去一年内，您的绩效工资每月平均为_____元

12.过去一年内，您的奖金每月平均为_____元

13.过去一年内，您的津贴补贴每月平均为_____元

第二部分　认知期望调查

1.非经济性薪酬很好地体现了人性化管理的理念，能够提高员工的工作积极性与职业认同感。

（1）完全不同意　（2）基本不同意　（3）一般　（4）基本同意　（5）完全同意

2.下列非经济性薪酬构成中，您认为必要的是什么？请按重要性排序。（可多选）

（1）工作成就感　（2）成长与晋升　（3）工作中被承认和赞赏　（4）舒适的工作环境与条件　（5）医院的声望和品牌　（6）医院的管理水平　（7）医院的文化氛围　（8）其他

3.您认为合理薪酬水平应该比社会平均工资高多少倍？

（1）一倍　（2）二倍　（3）三倍　（4）四倍　（5）五倍　（6）六倍

4.您认为合理的税后月平均总工资应为_____元（包括基本工资、绩效工资和其他收入）。

第三部分　满意度调查

1.关于医院薪酬分配体系的描述，请根据您个人的感受，在相应的栏目中打"√"。

评价指标	非常不满意	不满意	一般	满意	非常满意
薪酬制度					
1.薪酬制度体现医院发展战略	1	2	3	4	5
2.医院薪酬制度协调管理制度	1	2	3	4	5
3.医院薪酬制度的系统性	1	2	3	4	5
4.员工参与薪酬制度制定	1	2	3	4	5
5.医院薪酬制度的吸引力	1	2	3	4	5
6.医院薪酬制度的激励性	1	2	3	4	5
7.医院薪酬制度的公平性	1	2	3	4	5
8.医院有薪酬增长机制适应员工发展	1	2	3	4	5
9.薪酬调整方式适应医院运营	1	2	3	4	5
10.医院有良好的薪酬制度文化	1	2	3	4	5
薪酬水平					
1.与同行业医院相比，我所得薪酬合理	1	2	3	4	5
2.与其他行业相比，我所得薪酬合理	1	2	3	4	5
3.与本地平均薪酬相比，我所得薪酬合理	1	2	3	4	5
4.我所得薪酬符合工作资历	1	2	3	4	5
5.我所得薪酬符合工作岗位	1	2	3	4	5
6.我所得薪酬符合知识水平	1	2	3	4	5
7.我所得薪酬符合贡献水平	1	2	3	4	5
8.同类人员不同级别间收入差距合理	1	2	3	4	5
9.科室间收入差距合理	1	2	3	4	5
10.编制内外人员薪酬水平差距合理	1	2	3	4	5
薪酬结构					
1.医院针对不同人员特点制定薪酬结构比例	1	2	3	4	5
2.薪酬结构体系认可度高	1	2	3	4	5
3.医院的经济性薪酬构成合理	1	2	3	4	5
4.医院的非经济性薪酬构成合理	1	2	3	4	5
5.医院的固定薪酬比较合理	1	2	3	4	5
6.医院的短期薪酬激励形式完善	1	2	3	4	5
7.医院的短期薪酬激励比例合理	1	2	3	4	5
8.医院的长效薪酬激励措施完善	1	2	3	4	5
9.医院的激励薪酬比较合理	1	2	3	4	5
10.医院福利项目体现个性化需求	1	2	3	4	5
绩效分配					
1.医院实行内外部评价相结合的绩效考核方式	1	2	3	4	5
2.医院绩效考核所需信息准确有效	1	2	3	4	5
3.医院薪酬分配体现绩效优先兼顾公平	1	2	3	4	5
4.医院对员工的考核程序规范	1	2	3	4	5

续表

评价指标	非常不满意	不满意	一般	满意	非常满意
5.医院的绩效考核方式和结果认可度高	1	2	3	4	5
6.员工参与医院的绩效考核	1	2	3	4	5
7.医院的绩效考核以技术劳务价值为导向	1	2	3	4	5
8.医院的绩效考核结果和薪酬直接挂钩	1	2	3	4	5
9.医院的薪酬支付时间合理	1	2	3	4	5
10.医院的薪酬支付具有较好的透明度	1	2	3	4	5

调查日期：　　　　　　　　　　　调查人：

实训十二　薪酬预算与测算

一、实训目的

通过该项目实训，熟悉薪酬预算的一般程序及原理，能够按员工类型和薪酬的构成进行薪酬的测算与发放。

二、基本知识要点

1.薪酬预算的内涵及方法

（1）薪酬预算。

薪酬预算是指企业管理者在薪酬管理过程中进行的一系列成本开支方面的权衡和取舍。薪酬预算是薪酬控制的重要环节，准确的预算可以保证企业在未来一段时间内的薪酬支付受到一定程度的协调和控制。薪酬预算要求管理者在进行薪酬决策时，综合考虑企业的财务状况、薪酬结构及企业所处的市场环境因素的影响，确保企业的薪酬成本不超出企业的承受能力。

（2）薪酬预算的方法。

①薪酬费用比率法。计算公式如下：

薪酬费用比率=薪酬总额÷销售收入×100%

通过控制薪酬费用比率来达到控制薪酬总额的目的。从公式中我们可以看出：如果企业薪酬总额要上涨，则必须保证销售收入上升。企业薪酬总额的增加是建立在销售收入增长的基础上的。

薪酬费用比率的确定：在公司业绩稳定的情况下，根据公司以往的经营数据计算出薪酬费用比率；如果公司的经营业绩不稳定，则参照行业薪酬费用比率。然后，再根据薪酬费用比率计算出合理的薪酬总额。

②劳动分配率法。

劳动分配率法是指企业获得的附加价值中有多少份额用于员工薪酬分配。计算公式如下：

劳动分配率=薪酬总额÷附加价值×100%

附加价值是指企业本身所创造的价值，它是企业生产价值中扣除从外部购买材料或动力的费用之后，附加在企业上的价值。附加价值的计算方法有两种：一种是扣减法，即从销售额中减去原材料等从其他企业购入的且由其他企业创造的价值；另一种是相加法，即将形成附加价值的各项因素独立相加而得出。由于相加法涉及薪酬费用，所以一般在薪酬预算中采用相加法。其公式为：

附加价值=利润+薪酬费用+其他形成附加价值的各项费用

=利润+人事费用+财务费用+租金+折旧+税收

③盈亏平衡点法。

盈亏平衡点，又称零利润点、保本点，通常是指企业利润为零（全部销售收入等于全部成本）时的销售额或销售量。计算公式如下：

企业的薪酬总额=边际贡献－预计利润－其他固定成本

=（销售单价－单位变动成本）×销售量－预计利润－其他固定成本

其他固定成本是指固定成本中除去薪酬总额以外的其他固定成本。

④人员编制法。

人员编制法是在企业人员编制的基础上，根据员工的平均薪酬水平对薪酬总额进行测算的一种预算方法。计算公式如下：

年度薪酬总额预算=标准编制×平均薪酬水平

人员编制法的具体操作步骤如下：

第一，统计企业各岗位平均薪酬，预测下一年度行业薪酬增幅，确定下一年度企业整体薪酬增幅及各岗位薪酬增幅。对于有些岗位，企业认为其是企业发展的核心，可以将该岗位薪酬增幅定得略高于企业整体薪酬增幅；而有些岗位在本行业人员供应已经达到了饱和状态，同时并非公司的核心人员，而只是辅助人员，就可以将该部分人员的薪酬增幅定得低于企业整体薪酬增幅；还有些岗位的人员甚至可以维持现有水平。

第二，确定下一年度各岗位人员编制。

以上四种方法各有利弊，企业可结合自身情况综合运用。

2.薪酬测算的理论基础

（1）职位等级薪酬的测算，确定和调整各类岗位薪酬等级和薪级工资。

（2）工龄工资的确定和计算。

（3）学历工资和职称工资的确定和计算。

（4）奖金的确定和计算。

（5）社会保险各个项目的计算。

三、实训内容与要求

薪酬测算一　华创公司薪酬管理制度

1.人力资源管理部门员工的基本薪酬

基本薪酬=基础薪酬+工龄补贴+岗位薪酬

基础薪酬是员工的基本生活保障，同一职位等级的基础薪酬数额一样，具体见表12-1。

表12-1　　　　　　　　　　　　**华创公司职位等级薪酬表**

岗位类别	工龄工资（元/年）	岗位工资（元/月）	
人力资源部经理	70	A档	6 000
		B档	5 500
		C档	5 000
人力资源部副经理	70	A档	4 600
		B档	4 300
		C档	4 000
办公室主任	70	A档	3 600
		B档	3 400
		C档	3 200
人事专员	70	A档	3 000
		B档	2 850
		C档	2 700
实习生		2 300	

某高校2018届毕业生李艳毕业后进入该公司。根据该公司规定，实习期一年，实习期满后经考核合格，转为人事专员岗；在人事专员岗工作满二年，经考核合格，转为人事专员岗B档。

（1）根据以上职位的两次变化，分别填写下面的薪酬通知单（见表12-2和表12-3）。

表12-2　　　　　　　　　　　　**薪酬通知单（一）**

姓名		部门		日期	
调整事由					
原执行情况					
职位	薪酬等级	薪酬标准	执行日期	终止日期	
调整后状况					
职位	薪酬等级	薪酬标准	执行日期	备注	

核定意见：　　　　　人力资源部核定意见：

　　签章：　　　　　　　　　　　　　　　　　　　　　　签章：

　　　年　月　日　　　　　　　　　　　　　　　　　　　年　月　日

注：本通知单一式三份，人力资源部、财务部和个人各执一份。

表12-3 　　　　　　　　　　薪酬通知单（二）

姓名		部门		日期	
调整事由					

<table>
<tr><td colspan="5" align="center">原执行情况</td></tr>
<tr><td>职位</td><td>薪酬等级</td><td>薪酬标准</td><td>执行日期</td><td>终止日期</td></tr>
<tr><td></td><td></td><td></td><td></td><td></td></tr>
<tr><td colspan="5" align="center">调整后状况</td></tr>
<tr><td>职位</td><td>薪酬等级</td><td>薪酬标准</td><td>执行日期</td><td>备注</td></tr>
<tr><td></td><td></td><td></td><td></td><td></td></tr>
</table>

核定意见： 签章： 　年　月　日	人力资源部核定意见： 　　　　　　　　　签章： 　　　　　　　　年　月　日

注：本通知单一式三份，人力资源部、财务部和个人各执一份。

（2）试确定李艳自2018年7月进入该公司至2020年7月的薪酬变化情况（见表12-4）。

表12-4 　　　　　　　　华创公司总部行政人员薪酬变动审批表

人员编号	姓名	现薪酬情况			合计	变动后基本薪酬			合计	月增资额	执行时间
		岗位薪酬		基础薪酬	工龄补贴		岗位薪酬	基础薪酬	工龄补贴		
		岗位等级	标准				岗位等级	标准			

人力资源部经理（签名）：　　　　　　填报人（签名）：

2.销售部门员工薪酬

总薪酬＝基础薪酬+工龄补贴+交通午餐补贴+通信补贴+销售提成

其中：基础薪酬为1 000元/月，工龄补贴与职能部门一致，交通午餐补贴600元/月，通信补贴300元/月；销售目标为10万元/月，每月实际完成销售目标的百分比为0~100%，销售提成比率为4%，若超额完成，则提成比率为7%。

王海于2019年3月从云翔公司跳槽到该公司，成为科员。2019年3月、4月王海的销售额分别为8万元和13万元，试计算其3月、4月的销售提成及薪酬总额（见表12-5和表12-6）。

表12-5　　　　　　　　　　　　**销售人员工资提成率**

姓名	日期	每月目标销售额	每月实际销售额	提成比率	销售提成额

审核：　　　　　　　　　　　　　　　　填表：

表12-6　　　　　　　　　　　　**员工薪酬表**

姓名	基础薪酬	工龄补贴	交通午餐补贴	通信补贴	销售提成	应发薪酬	医疗保险	养老保险	失业保险	住房公积金	实发薪酬	发放月份

薪酬测算二　众泰公司薪酬制度

目的：建立合理而公正的薪酬制度，以利于调动员工的工作积极性。

政策与程序：

1.薪酬构成

员工工资由固定工资、浮动工资两部分组成。

固定工资包括：基础薪酬、学历薪酬、工龄工资、岗位薪酬、住房补贴、医疗补贴。固定工资是根据职员的岗位、资历、学历、技能等因素确定的、相对固定的工资报酬。

浮动工资包括绩效工资。浮动工资是根据员工考勤、表现、工作绩效及公司经营业绩确定的、不固定的工资报酬，每月调整一次。

员工工资扣除项目包括代扣个人所得税、缺勤扣除、代扣社保费、代扣住房公积金。

2.加班工资算法

员工本人小时工资标准=基本工资÷21.75÷8

（1）安排员工在每天标准工作时间以外延长工作时间加班的，按照员工本人小时工资标准的150%支付加班工资，或者安排员工补休；

（2）安排员工在休息日加班，按照员工本人日工资或小时工资标准的200%支付加班工资；

（3）安排员工在法定节假日（指元旦1天、春节3天、清明节1天、劳动节1天、端午节1天、中秋节1天、国庆节3天）工作的，按照员工本人日工资或小时工资标准的300%支付加班工资。

3.全勤奖

每月200元。

4.社会保险费算法

社会保险费=保险缴费基数×10.5%

5.住房公积金算法

住房公积金=缴费基数×8%

6.个人所得税算法

个人所得税免征额为5 000元。

工资薪金个人所得税采用新个税税率表及计算办法，具体参照表12-7。

表12-7   **新个税税率表**

级数	全年应纳税所得额（元）	税率	速算扣除数（元）
1	不超过36 000元的部分	3%	0
2	超过36 000至144 000的部分	10%	2 520
3	超过144 000至300 000的部分	20%	16 920
4	超过300 000至420 000的部分	25%	31 920
5	超过420 000至660 000的部分	30%	52 920
6	超过660 000至960 000的部分	35%	85 920
7	超过960 000的部分	45%	181 920

注：本表中的应纳税所得额是指收入额减去可扣除费用后的余额。

计算的公式为：

$$\text{累计预扣预缴应纳税所得额} = \text{累计收入} - \text{累计免税收入} - \text{累计减除费用} - \text{累计收入专项扣除} - \text{累计专项附加扣除} - \text{累计依法确定的其他扣除}$$

举例：某员工2×19年1月入职，2×19年每月应发工资为30 000元，每月扣除免征额5 000元、"五险一金"4 500元，享受的专项扣除2 000元，个税的计算方法如下：

1月份：累计工资收入为30 000元，累计预扣预缴个税金额为 ［30 000-（5 000+4 500+2 000）］×3%=555（元）。

2月份：累计工资收入为30 000×2=60 000（元），累计预扣预缴个税金额为 ［60 000-（5 000+4 500+2 000）×2］×10%-2 520=1 180（元），本期缴纳个税为 1 180-555=625（元）。

3月份：累计工资收入为30 000×3=90 000（元），累计预扣预缴个税金额为 ［90 000-（5 000+4 500+2 000）×3］×10%-2 520=3 030（元），本期缴纳个税为3 030-1 180=1 850（元）。

7.试用期薪资

（1）所有新入职的员工均需经过1~3个月的试用期。

（2）员工如遇晋升、调职等人事变动，均需经过1个月试用期。

根据众泰公司薪酬管理制度计算以下员工薪酬，具体资料见表12-8至表12-15。

表12-8　　　　　　　　　　　　　　　月薪制员工工资单　　　　　　　　　　　　　　　单位：元

序号	姓名	岗位工资	工龄工资	基础工资	交通补贴	医疗补贴	午餐补贴	住房补贴	加班工资	缺勤扣除	全勤奖	应发工资	社保缴费	住房公积金	个人所得税	实发工资
1	刘小君	2 200	300	500	100	100	100	200								
2	吴雪松	2 500	400	500	100	100	100	200								
3	刘洁	3 200	500	550	100	100	100	200								

表12-9　　　　　　　　　　　　　　　员工社保缴费基数　　　　　　　　　　　　　　　单位：元

刘小君	吴雪松	刘洁
2 500	2 500	3 200

表12-10　　　　　　　　　　　　　月薪制员工2×19年5月份考勤

刘小君	吴雪松	刘洁
双休日加班一天，其他全勤	5月1日加班一天，其他全勤	双休日加班一天，其他全勤

表12-11　　　　　　　　　　　　　　　计件员工工资单　　　　　　　　　　　　　　　单位：元

序号	姓名	计件工资	基础薪酬	交通补贴	医疗补贴	午餐补贴	全勤奖	缺勤扣除	应发工资	社保缴费	个人所得税	实发工资
1	王刚		400	200	200	400						
2	钱海		400	200	200	400						
3	孙英		400	200	200	400						

表12-12　　　　　　　　　　　　　　　提成工资员工工资单　　　　　　　　　　　　　　　单位：元

序号	姓名	基础工资	绩效工资	交通补贴	通信补贴	午餐补贴	应发工资	社保缴费	住房公积金	个人所得税	实发工资
1	赵斌	1 200		300	300	250					
2	张成	800		300	200	200					
3	金兰	800		300	200	200					

表12-13　　　　　　　　　　　　　　　销售目标和销售额

姓名	销售目标（万元）	实际销售额（万元）
赵斌	15	22
张成	10	11
金兰	10	8.8

表12-14　　　　　　　　　　　　　　　绩效工资计算方法

产品销售达成率（%） （实际销售额÷销售目标×100%）	奖金（元） （销售额×奖金比率）
150以上	销售额×2.5%
121~150	销售额×2.2%
100~120	销售额×2%
85~99	销售额×1.5%
70~84	销售额×1%
70以下	0

表12-15

计件员工计件及考勤表

2×19年5月　　姓名：王刚

日期	1	2	3	4	5	6	7	8	9	10	11	12	13	14	15	16	17	18	19	20	21	22	23	24	25	26	27	28	29	30	31
当日完成数量				92	89	90	98			92	90	95	92	93			90	89	90	91	92			90	95	92	90	89			90

2×19年5月　　姓名：钱海

日期	1	2	3	4	5	6	7	8	9	10	11	12	13	14	15	16	17	18	19	20	21	22	23	24	25	26	27	28	29	30	31
当日完成数量	90			90	87	92	93			90	92	93	91	90			90	91	92	90	92			89	92	90	92	91			92

2×19年5月　　姓名：孙英

日期	1	2	3	4	5	6	7	8	9	10	11	12	13	14	15	16	17	18	19	20	21	22	23	24	25	26	27	28	29	30	31
当日完成数量				93	88	92	96	92		90	93	96	90	93			91	93	96	91	90			90	96	90	95	89			93

注：①5月1日—3日为小长假，其余时间正常上班。②每件产品的计件工资为1元。③计件员工2×19年5月全勤。④计件员工社保缴费基数均为2 500元。⑤提成工资员工社保缴费基数为3 000元。

薪酬测算三　HC油田公司薪酬方案

1.基本薪酬

HC油田公司的基本薪酬主要包括岗位工资、工龄工资和学历工资三部分。岗位工资等级是根据各岗位工作的技术复杂程度、劳动繁杂程度和责任大小不同而确定。同一岗位的员工具有相同的薪资标准，但同一岗位又分为不同的等级级别。其中，任现职每满两年增加一个岗级。相关人员的岗位工资见表12-16至表12-18。

表12-16　　　　　　　　　　**管理人员岗位工资表**　　　　　　　　　单位：元

职位	岗位工资		
	1	2	3
总经理	8 000	8 500	9 000
财务总监	6 000	6 650	7 300
人力资源部经理	3 000	3 250	3 500

表12-17　　　　　　　　　　**技术人员岗位工资表**　　　　　　　　　单位：元

职位	岗位工资		
	1	2	3
技术工程师	5 300	5 800	6 300
技术员	3 300	3 800	4 300
实习生	2 700		

表12-18　　　　　　　　　　**质检人员岗位工资表**　　　　　　　　　单位：元

职位	岗位工资		
	1	2	3
巡线工	2 500	2 600	2 700
输配工	2 500	2 600	2 700
质检员	2 700	3 000	3 300
加气工	2 200	2 250	2 500

工龄工资标准是以该员工进入公司后开始计算，每月30元，每年调整一次。工龄递增的管理办法以员工在公司连续工作年限为基准，若员工中途辞职后再回公司上班，工龄则重新开始计算。

学历工资标准见表12-19。

表12-19　　　　　　　　　　**学历工资标准表**　　　　　　　　　单位：元

学历	高职	本科	研究生
工资（元/月）	100	150	300

2.奖金

月度奖金=奖金基数×分配系数

分配系数是根据员工担任的工作岗位职务、工作年限、技术职称计算所得。奖金基数比较灵活，它随企业经济效益状况全额浮动发放，效益好的多发，效益不好的少发。效益工资实行岗位等级制，发放到个人的效益工资的系数按"效益工资分配系数表"（见表12-20）计算确定。HC油田公司2018年奖金基数为3 000元。

表12-20 效益工资分配系数表

序号	按聘任工作岗位职务分	按聘任专业技术职称分	按参加工作年限分	系数
1			工作年限不满10年	1
2		任5年以下的初级专业技术职称人员	工作年限满10年不满20年	1.1
3	部门主管	任5~10年的初级专业技术职称人员	工作年限满20年不满30年	1.2
4	办公室主任	任10年以上的初级专业技术职称人员	工作年限满30年	1.3
5	公司中层副职	任副高级专业技术职称人员		2.0
6	公司中层正职	任高级专业技术职称人员		3.0
7	公司副总经理			3.5
8	公司总经理			4

根据以上HC油田公司薪酬方案，计算以下员工薪酬：

（1）王晓文于2015年从某石油大学本科毕业后进入HC油田公司。根据该公司的规定，实习期一年，实习期满后经考核合格，聘为技术员。在技术员岗位工作满3年后，通过评聘结合的方式，任技术工程师（副高级）职位。王晓文于2019年9月获得硕士研究生学位。

试确定王晓文自2015年7月进入该公司至2019年9月的薪酬变化情况，填入表12-21。

表12-21 HC油田公司人员薪酬变动审批表 金额单位：元

人员编号	姓名	现薪酬情况					变动后基本薪酬					月增资额	执行时间
		岗位薪酬		学历薪酬	工龄补贴	合计	岗位薪酬		学历薪酬	工龄补贴	合计		
		岗位等级	标准				岗位等级	标准					

（2）员工张卫2013年进入HC油田公司工作，任财务总监岗位（中层正职）的时间是2019年2月，学历为硕士研究生。员工李林2018年从新兴职业技术学院毕业后进入该公司，2019年5月在质检员岗位工作。试计算王晓文、张卫和李林2019年12月的薪酬，填入表12-22。

表12-22　　　　　　　　　　HC油田公司员工工资单　　　　　　　　　单位：元

序号	姓名	岗位工资	工龄工资	学历工资	月度奖金	应发工资	住房公积金	养老保险	医疗保险	失业保险	个人所得税	实发工资
1	王晓文											
2	张卫											
3	李林											

其中，社保部分个人缴纳的比例为：医疗保险2%，养老保险8%，失业保险0.5%，住房公积金10%。社保缴费基数见表12-23。

表12-23　　　　　　　　　　　社保缴费基数　　　　　　　　　　　单位：元

王晓文	张卫	李林
6 000	7 000	2 500

薪酬测算四　乾宇公司销售人员工资计算

乾宇公司始建于1991年，是一家股份制民营企业，目前企业资产总额为3 000余万元。乾宇公司致力于各类门窗产品的研制、开发、生产、销售和服务，是一家专业的门窗生产企业，主要产品有防盗门、防火卷帘门、遥控车库门等，以及根据客户要求定做的各类异型门窗。产品被广泛应用于各类住宅楼、教学楼及各类商务写字楼。

公司现有员工500余人，主要是管理岗位、生产岗位和销售岗位。其中，销售人员执行的薪酬方案为基薪+佣金制，基薪为岗位薪酬，具体见表12-24和表12-25。同时，每月伙食补贴为400元，交通补贴为400元，通信补贴为200元。

表12-24　　　　　　　　　　销售人员岗位工资表　　　　　　　　　单位：元

职位	岗位工资
销售主管	3 500
销售员	2 500

表12-25　　　　　　　　　　销售人员的薪酬方案

佣金	佣金计算方式	
	实际完成销售目标的百分比	佣金百分比
目标佣金：6万元/年	0～100%	4%
	超过100%	7%

公司对销售人员确定的目标销售额为每月8万元，销售部员工夏文在2019年3月、4月的销售额分别为7.5万元、10万元。员工夏文社会保险的缴费基数为5 000元。社会保险的个人缴费比率同薪酬测算三。试确定其销售提成及月薪酬总额，填

入表12-26和表12-27。

表 12-26　　　　　　　　　**销售人员工资提成计算表**　　　　　金额单位：万元

姓名	销售任务名称	目标销售额/月	完成销售额/月	佣金百分比	提成工资额

表 12-27　　　　　　　　　　　**销售人员薪酬**　　　　　　　　　　单位：元

编号	姓名	岗位薪酬	伙食补贴	交通补贴	通信补贴	销售提成	应发工资	养老保险	医疗保险	住房公积金	个人所得税	实发工资

薪酬测算五　福瑞康制药公司市场开发人员薪酬测算

福瑞康制药公司市场部主要负责公司的市场开拓业务，目前主要成员为总监、经理、执行助理、方案策划、信息管理、医药助理、媒介助理、市场监察、市场开发人员。市场部通过对市场和客户的调查来了解市场的需求，以帮助企业生产客户所需要的产品。

福瑞康制药公司市场开发人员的薪酬构成包括岗位工资、工龄工资、绩效薪酬和福利。其中，岗位薪酬、工龄工资见表12-28。

表 12-28　　　　　　　**市场开发人员岗位薪酬等级表**　　　　　　单位：元

岗位等级	工龄工资	岗位等级薪酬
市场总监	40元/月	7 600
		6 800
		6 000
市场部经理	40元/月	5 100
		4 600
		4 100
产品经理	40元/月	3 600
		3 200
		2 800
市场推广员	40元/月	2 400
		2 200
		2 000

其中，任现职时间每满两年增长一级薪级工资。

绩效薪酬是为了激励和引导市场开发人员而设立的浮动薪酬部分，根据每月月末的绩效考核结果发放。计算公式如下：

绩效薪酬=绩效薪酬基数×绩效考核系数

绩效薪酬基数是企业根据自己的实际情况自行确定，为了体现绩效薪酬对市场开发人员的激励作用，该企业绩效薪酬基数为3 300元。

绩效考核系数是根据绩效考核分数来确定的。计算公式如下：

$$\text{市场开发人员月度绩效考核系数} = \text{个人月度考核得分} \div \frac{\sum \text{所有市场开发人员的月度考核得分}}{\text{市场开发人员总数}}$$

市场开发人员绩效考核指标见表12-29。

表12-29　　　　　　　　　　　市场开发人员绩效考核表

	指标名称	权重	指标内容
定量指标	业绩指标	70%	产品市场占有率
			新增客户数量
			费用控制比率
定性指标	态度指标	15%	客户满意度
			团队合作精神
			工作积极性
			平均每天访问客户数
	工作潜力指标	15%	学习能力
			专业知识
			专业技能

福利包括交通补贴、午餐补贴和通信补贴，分别为300元/月、400元/月和300元/月。

市场部市场开发人员共有6名，在2019年11月的月度绩效考核分数分别为89分、85分、90分、93分、96分、98分。其中，赵凯的分数是89分，赵凯于2018年7月进入公司，任现职时间为2018年10月；员工杨斌的绩效考核分数是96分，其于2017年7月进入公司，任现职时间为2017年10月。员工赵凯和杨斌的社会保险缴费基数为2 800元。社会保险的个人缴费比率同薪酬测算三。

根据以上数据，计算员工赵凯和杨斌2019年11月的绩效薪酬和薪酬总额，填入表12-30。

表12-30　　　　　　　　　　　市场开发人员薪酬　　　　　　　　　　单位：元

编号	姓名	岗位薪酬	工龄工资	绩效薪酬	午餐补贴	交通补贴	通信补贴	应发工资	养老保险	医疗保险	住房公积金	个人所得税	实发工资

薪酬测算六 泰兴建筑工程公司项目部工程技术人员薪酬方案

1. 货币性薪酬

由于环境原因和建筑行业的特殊性，泰兴建筑工程公司项目部货币性薪酬分为停工期薪酬和施工期薪酬两类。停工期一般为无项目时或因自然原因无法施工时，在该公司是指11月至来年3月。停工期间的薪酬为固定薪酬，此时的薪酬只起基本生活保障作用。停工期工程技术人员薪酬标准分别为3 500元/月、3 200元/月、3 000元/月和2 800元/月。施工期薪酬见表12-31。

表12-31　　　　2019年泰兴建筑工程公司项目部施工期工资标准表　　　　单位：元

岗位等级		一类项目		二类项目		三类项目		四类项目	
		基础工资	风险工资	基础工资	风险工资	基础工资	风险工资	基础工资	风险工资
工程技术人员	一级	3 240	1 560	3 160	1 540	3 080	1 520	3 000	1 500
	二级	3 080	1 520	3 000	1 500	2 920	1 480	2 840	1 460
	三级	2 920	1 480	2 840	1 460	2 760	1 440	2 680	1 420
	四级	2 760	1 440	2 680	1 420	2 600	1 400	2 520	1 380

在表12-31中，基础工资即基础薪酬约占货币性薪酬的70%，风险工资即浮动薪酬约占货币性薪酬的30%。一类项目为当年完成4 000万元以上的项目，二类项目为当年完成3 001万~4 000万元的项目，三类项目为当年完成1 500万~3 000万元的项目，四类项目为当年完成1 500万元以下的项目。

项目部浮动薪酬的发放标准为：全年完成计划指标的95%以上，发放100%的浮动薪酬；全年完成计划指标的90%~95%，发放80%的浮动薪酬；全年完成计划指标的80%~89%，发放60%的浮动薪酬；全年完成计划指标的80%以下，发放40%的浮动薪酬；项目没有盈利的不予发放浮动薪酬。

2. 福利

泰兴建筑工程公司项目部工程技术人员的福利分为以下两个部分：

（1）法定福利，即政府规定企业必须提供的福利项目，包括养老保险、医疗保险、住房公积金等。

（2）企业自主福利。野外驻勤津贴（项目部特有的，每人每月1 000元）；职称补贴，4级到1级的职称补贴分别为500元、700元、1 000元、1 500元；工龄补贴，40元/月；交通补贴，400元/月；午餐补贴400元/月。停工期只有工龄工资和职称补贴。

员工张晓宇于2018年7月来到公司，任专业技术人员四级，在三类项目部，其所在的项目部2018年全年完成计划指标的95%。员工刘尚华于2015年7月来到公司，任专业技术人员二级，在二类项目部，其所在的项目部2018年全年完成计划指标的96%。

根据该公司的薪酬制度和数据资料，请计算员工张晓宇和刘尚华2019年3月和4月的薪酬，填入表12-32和表12-33。

表12-32 　　　　　　　　　　　　张晓宇薪酬表　　　　　　　　　　　　单位：元

编号	姓名	基础工资	工龄工资	浮动薪酬	午餐补贴	交通补贴	野外驻勤津贴	职称补贴	应发工资	养老保险	医疗保险	住房公积金	个人所得税	实发工资	发放月份

表12-33 　　　　　　　　　　　　刘尚华薪酬表　　　　　　　　　　　　单位：元

编号	姓名	基础工资	工龄工资	浮动薪酬	午餐补贴	交通补贴	野外驻勤津贴	职称补贴	应发工资	养老保险	医疗保险	住房公积金	个人所得税	实发工资	发放月份

四级、三级的社保缴费基数均为2 500元，二级和一级的社保缴费基数均为3 000元。社保缴费比率同薪酬测算三的比率。

薪酬测算七　事业单位员工薪酬测算

1.××高校教师薪酬制度

××高校基本薪酬实行岗位等级工资制，并采取分类管理的办法。其中，岗位薪酬主要体现工作人员所聘岗位的职责和要求，具体分为专业技术岗位、管理岗位和工勤技能岗位。这里只涉及其中的专业技术岗位。

2.薪酬构成

计算公式如下：

基本薪酬=岗位工资+薪级工资（工龄工资）+艰苦边远地区津贴+各项补贴

奖金=月度绩效奖+超科研奖励+超课时奖励

福利=法定保险+自主福利

3.岗位薪酬等级和艰苦边远地区津贴标准

岗位薪酬等级和艰苦边远地区津贴标准分别见表12-34、表12-35。

表 12-34　　　　　　　　**××高校专业技术岗位薪酬等级表**　　　　　　单位：元

岗位工资		专业技术人员薪酬等级				
岗位	工资标准					
一级	3 810	正高级职称				
二级	2 910					
三级	2 650					
四级	2 355					
五级	2 060		副高级职称			
六级	1 890					
七级	1 760					
八级	1 550			中级职称		
九级	1 475					
十级	1 390					
十一级	1 280				初级职称	
十二级	1 220					
十三级	1 150					员级

表 12-35　　　　　　　　**××高校工作人员艰苦边远地区津贴标准表**　　　　　单位：元

分类 岗位等级	一类区	二类区	三类区	四类区	五类区	六类区
一级专业技术岗位	130	240				
二级至四级专业技术岗位	110	200	380	680	1 050	1 400
五级至七级专业技术岗位	90	170	300	530	850	1 200
八级至十级专业技术岗位	75	140	245	430	720	1 050
十一级至十三级专业技术岗位	65	120	215	370	640	950

4.基本薪酬的调整

（1）正常增加薪级工资。

（2）岗位变动。

（3）调整基本工资标准。国家根据经济发展、财政状况、企业相当人员工资水平和物价变动等因素，适时调整事业单位工作人员的基本工资标准。

（4）调整津贴补贴标准。国家根据经济发展和财力增长及调控地区工资收入差距的需要，适时调整艰苦边远地区津贴标准。

5.奖金

（1）月度绩效奖（岗位津贴），针对全体教师。

（2）一次性奖金。对年度专业技术考核优秀者奖励 1 个月月度绩效工资，于次月兑现。

（3）特殊奖励计划。

①超科研奖励。

A.根据论文级别进行单项奖励。

B.课题奖励。

②超课时奖励：超出额定教学工作量的课时奖励。

根据以上××高校教师工资制度，请计算以下人员薪酬。

教师李红于2019年10月评上副教授职称，付兵于2018年10月评上讲师职称，石磊于2019年10月评上教授职称。请计算以上人员薪酬，填入表12-36中。

表12-36 教师薪酬表 单位：元

编号	姓名	岗位工资	薪级工资	艰苦边远地区津贴	绩效工资	补贴	应发工资	住房公积金	职业年金	养老保险	医疗保险	失业保险	个人所得税	实发工资
	李红													
	付兵													
	石磊													

四、实训时间

8课时。

五、实训成绩评定

实训成绩评定按优秀、良好、中等、及格和不及格5个等级评定。

成绩评定参考以下准则：学生态度、参与积极性；薪酬测算的准确性。

实训成绩评定比例：实训环节的表现占40%，实训内容质量占60%。

附录　员工薪酬管理相关表格

1.员工薪资表（见表 A-1）

表 A-1　　　　　　　　　　　员工薪资表

填表日期：　　年　月　日

级别	职位	底薪	级差	工资级别	等差	薪资平均值

2.职员统一薪资登记表（见表 A-2）

表 A-2　　　　　　　　　　　职员统一薪资登记表

等别	职称	起薪	级差	级别									等差	每年薪资平均值
				1	2	3	4	5	6	7	8	9		
1	经理													
2	副经理													
3	处长													
4	副处长													
5	主任													
6	副主任													
7	管理员、代副主任													
8	管理助员													
9	雇员、实习员													

3.工资标准表（见表A-3）

表A-3　　　　　　　　　　　　　　工资标准表

制表部门：　　　　　　填表日期：　　年　月　日

职称	职位等级	基本工资	职务补贴	技术补贴	特殊补贴
总经理					
副总经理					
经理 厂长 总工程师 总会计师 总经济师					
副经理 总经理助理 副厂长					
高级工程师 专员					
工程师 主任 经理助理					
副科长 副主任 助理工程师					
组长 技术员 管理员					
办事员 副组长 班长					
助理员 代理班长					

4.职员工资级别表（见表A-4）

表A-4　　　　　　　　　　　　　职员工资级别表

制表部门：　　　　　　填表日期：　　年　月　日

职位名称	等差	薪级									级差		
		第1级	第2级	第3级	第4级	第5级	第6级	第7级	第8级	第9级	1~3级	4~6级	7~9级

5.工资分析表（见表A-5）

表A-5　　　　　　　　　　　　**工资分析表**

制表部门：　　　　填表日期：　年　月　日

人数	工作日数	加班工时	总工时	工资	加班费用	各项补贴	奖金	合计	平均工资	其他收入平均	平均所得	备注

6.员工工资表（见表A-6）

表A-6　　　　　　　　　　　　**员工工资表**

单位名称：　　　　填表日期：　年　月　日

编号	姓名	应付工资		代扣款项					实发工资	领款人签字	备注
		基本工资	职务津贴	住房公积金	个人所得税	养老保险	基本医疗	失业保险			

7.员工奖金合计表（见表A-7）

表A-7　　　　　　　　　　　　**员工奖金合计表**

填表日期：　年　月　日

部门	姓名	职务	奖金计点	奖金额	利润奖金计点	利润奖金金额	合计
合计							

8.员工工资统计表（见表A-8）

表A-8　　　　　　　　　　员工工资统计表

填表日期：　年　月　日

| 部门 | 分工类别 | 基本工资 | 生产奖金 | 全勤奖金 | 加班费用 | 应发工资 | 扣缴费用 | | | | 借支 | 实发工资 |
							伙食费	保险费	福利费	个人所得税		

9.预支工资申请书（见表A-9）

表A-9　　　　　　　　　　预支工资申请书

申请人姓名		单位		申请日期	
预支工资原因					
申请金额		还款日期		自本月份起分　月还清	
连带责任人	姓名		单位		无借支或为同事担保行为记录
	姓名		单位		
财务审核意见		职工福利委员会意见		单位领导意见	本单位意见

10.年工资总额使用计划表（见表A-10）

表A-10　　　　　　　　　　年工资总额使用计划表

填表日期：　年　月　日

| 年工资总额（元） | 分季工资基金使用计划 | | | | 主管部门意见 | 财务部门意见 | 备注 |
	第一季度	第二季度	第三季度	第四季度			
人事、劳动部门意见							
总经理批示							

11.新员工工资核定表（见表A-11）

表A-11　　　　　　　　　　　　**新员工工资核定表**

编号：　　　　填表日期：　　年　月　日

工作部门		职务		
姓名		进厂日期	年　月　日	
年龄		学历		
工作表现及业绩				
要求待遇		公司标准		
安排工作		生效日期		
总经理批示		部门主管		人事经办

备注：本表由单位主管部门按照新员工的学历和工作经验核定其工资。

12.员工薪酬计算表（见表A-12）

表A-12　　　　　　　　　　　　**员工薪酬计算表**

单位：　　　　填表日期：　　年　月　日

职务等级						
职位						
姓名						
应领薪酬金额	薪金					
	主管津贴					
	交通津贴					
	外调津贴					
	全勤奖金					
	绩效奖金					
	劳保费					
	福利金					
	伙食津贴					
	小计					
	借支					
	合计					
实领金额						
总计						

盖章

核准：　　　　　　主管：　　　　　　制表：

13.员工工资信息表（见表A-13）

表A-13　　　　　　　　　　　　**员工工资信息表**

制表日期：　　年　月　日

职位	级别	人数合计	应付工资金额			
			基本工资	津贴	奖金	合计
职位一						
职位二						

14.计件工薪核定表（见表A-14）

表A-14　　　　　　　　　　　**计件工薪核定表**

编号：　　　　填表日期：　　年　月　日

产品名称规格				适用制造批号	
作业名称	件薪标准			新产品补贴	小订单补贴
	每件	每打	每箱		

注：本表用于核定每项产品的件薪标准及产品补贴，据此计算计件工人工资。

15.公司计件工资日报表（见表A-15）

表A-15　　　　　　　　　　　**公司计件工资日报表**

班别：　　　　填表日期：　　年　月　日

批号	姓名	编号	工程代号	工时	数量	计件单价	应得工资

制表部门：　　　　　　　填表人：

16.计件工资调查表（见表A-16）

表A-16　　　　　　　　　　　**计件工资调查表**

填表日期：　　年　月　日

产品名称		计件工资单号		
作业名称	原计件标准	耗用时间	折算金额	拟调整比例	原因

报告单位：　　　　　　　部门主管：

17.工作记录表（见表A-17）

表A-17　　　　　　　　　　　**工作记录表**

填表日期：　　年　月　日

项目	技术规格	记录说明	检查说明	检查时间	星期一	星期二	星期三	星期四	星期五	星期六	星期日
检查记录											
备注											

操作者：　　　　　　　检查者：

18.员工计时工资计算表（见表A-18）

表A-18　　　　　　　　　　　员工计时工资计算表

员工姓名	所属单位	产品零件名称	每小时工资额	工人作业工时	工资总额	备注

审核：　　　　　　　　　填表：

19.销售人员工资提成计算表（见表A-19）

表A-19　　　　　　　　　销售人员工资提成计算表

填表日期：　　年　月　日

姓名	销售任务名称	计划生产额/月	完成销售额/月	超额提成率	提成工资总额

审核：　　　　　　　　　填表：

20.生产人员工资提成计算表（见表A-20）

表A-20　　　　　　　　　生产人员工资提成计算表

单位：　　　　　填表日期：　　年　月　日

生产零部件或成品名称	计划生产额/月	实际生产额/月	超额提成率	提成工资总额

审核：　　　　　　　　　填表：

21.员工工资调整申报表（见表A-21）

表A-21　　　　　　　　　员工工资调整申报表

（本表由直接主管填写）　　填表日期：　　年　月　日

姓名		工号		入公司时间	
主管部门		工作部门		职务		任职时间	
毕业院校		专业		学历	
人事考核记录（半年内）					

在公司工作经历（一年内）

时间	工作部门	职务	主要工作内容

续表

姓名		工号		入公司时间	

该职位的关键绩效目标（3点，按重要顺序排列）

1.

2.

3.

半年内工作情况	
主要工作任务（针对目标）	完成情况及完成时间

半年内最突出的绩效改进内容及效果：

直接主管签字：

（以下栏目由各级委员会填写）

申报栏	1.职务适应情况 □已超出 □胜任 □基本适应 □较差 2.在同职类同层级人员中的能力状况 □杰出 □较好 □一般 □较差 3.见习期间个人的绩效改进 □很大 □有些进步 □没有进步				
	上次调薪时间：			现工资标准：	
	本次工资调整建议				
	提出调薪的主要理由：				
	本委员会级别		评议结果	□同意 □不同意	会签
审核栏	申报工作是否按规则进行	□是 □不是	评议结果是否合理		□合理 □不合理
	建议调整工资标准：				
	本委员会级别		会签		
审批栏	本次评议是否符合工资管理制度			□是 □不是	
	审批意见：				
	本委员会级别		会签		

直接主管签字：

22.员工入职工资调整表（见表A-22）

表A-22　　　　　　　　　员工入职工资调整表

填表日期：　　年　月　日

姓名		部门		职务	
性别		出生年月		入职时间	
毕业学校		专业		学历	
入职年薪			现职月薪		
入职年度 考核情况	第一年				
	第二年				
	第三年				
	第四年				
	第五年				

续表

姓名		部门		职务	
本年考核情况					
分数		等级			
按调整后考核					
职位		调整比率		调整后月薪	
核定					
职位		月薪			
审核意见					

直接主管签字：

23.工资调整审批表（见表A-23）

表A-23　　　　　　　　　　工资调整审批表

姓名		所属部门		入职时间	
调整类别	试用期	转正	职务调整	薪资调整	其他
调整前（　月）			调整后（　月）		
1.基本工资 2.岗位工资 3.绩效工资 4.其他 合计：			1.基本工资 2.岗位工资 3.绩效工资 4.其他 合计：		
工资调整说明					
工资调整执行日期					
申报部门意见： 签字： 日期：		人力资源部意见： 签字： 日期：		总经理审批： 签字： 日期：	

24.员工工资调整表（见表A-24）

表A-24　　　　　　　　　　员工工资调整表

制表日期：　年　月　日

职位	姓名	性别	年龄	学历	服务年限	本年考核		每月薪资	按月调整		处理意见	核定	
						分数	等级		调整额	调整后月薪		职位	月份

董事长：　　　　总经理：　　　　经理：　　　　主管：　　　　制表：

注：本表反映员工工资的调整情况。将工资与员工的服务年限、工作成绩考核等挂钩，能更好地激励员工在这方面努力。

25.员工工资调整事由表（见表A-25）

表A-25　　　　　　　　员工工资调整事由表

填表日期：　年　月　日

工作部门					
职称与职位		姓名	原工资	调整事由	调整后工资
职务	职称				

生效日期：　　年　月　日

经手人		批示		单位主管	

注：本表详细记录了每个员工工资变动的原因，以便主管部门了解情况，也便于职工查询。

26.操作人员奖金分配表（见表A-26）

表A-26　　　　　　　　操作人员奖金分配表

月份：　　　　　　部门：　　　　　　　　　　　　单位：元

姓名	出勤天数	出勤率	出勤考核率	品质考核率	合计数	奖金金额
合计						

27.津贴审批单（见表A-27）

表A-27　　　　　　　　津贴审批单

填表日期：　年　月　日

姓名	工作时数	姓名	工作时数
补给津贴说明		补给津贴说明	

申请人：　　　　　　主管：　　　　　　经理：

28.员工津贴申请表（见表A-28）

表A-28　　　　　　　　员工津贴申请表

□加班　□夜勤　□其他　　　　　填表日期：　年　月　日

姓名	工作时数	补贴金额	姓名	工作时数	补贴金额

经理：　　　　　　主管：　　　　　　申请人：

29.销售人员津贴发放表（见表A-29）

表A-29　　　　　　　　　　　**销售人员津贴发放表**

填表日期：　年　月　日

姓名	实发津贴	专员签字	所属经营商	经销商经理签字	月薪
说明					
备注					

30.特别工作津贴（见表A-30）

表A-30　　　　　　　　　　　**特别工作津贴**

填表日期：　　年　月　日

从事化学制品生产或实验研究的时间比率	特别工作津贴
不到月总工作时间10%的	每月　　元
月总工作时间10%以上不到15%的	每月　　元
月总工作时间15%以上不到30%的	每月　　元
月总工作时间30%以上不到50%的	每月　　元
月总工作时间50%以上不到70%的	每月　　元
月总工作时间70%以上的	每月　　元

31.锅炉操作津贴（见表A-31）

表A-31　　　　　　　　　　　**锅炉操作津贴**

填表日期：　　年　月　日

从事锅炉操作的时间比率	锅炉操作津贴
不到月总工作时间10%的	每月　　元
月总工作时间10%以上不到15%的	每月　　元
月总工作时间15%以上不到30%的	每月　　元
月总工作时间30%以上不到50%的	每月　　元
月总工作时间50%以上不到70%的	每月　　元
月总工作时间70%以上的	每月　　元

32.电话交换津贴（见表A-32）

表A-32　　　　　　　　　　　**电话交换津贴**

填表日期：　　年　月　日

从事电话交换的时间比率	电话交换津贴
不到月总工作时间10%的	每月　　元
月总工作时间10%以上不到20%的	每月　　元
月总工作时间20%以上不到40%的	每月　　元
月总工作时间40%以上不到60%的	每月　　元
月总工作时间60%以上的	每月　　元

33.保健津贴（见表A-33）

表A-33 　　　　　　　　　　　　　　保健津贴

填表日期：　　年　月　日

处理有毒化工原料或在恶劣工作条件下的时间比率	保健津贴
不到月总工作时间10%的	每月　　元
月总工作时间10%以上不到15%的	每月　　元
月总工作时间15%以上不到30%的	每月　　元
月总工作时间30%以上不到50%的	每月　　元
月总工作时间50%以上不到70%的	每月　　元
月总工作时间70%以上的	每月　　元

34.员工保险登记表（见表A-34）

表A-34 　　　　　　　　　　　　　员工保险登记表

填表日期：　　年　月　日

姓名	工资总额	社会保险		医疗保险		个人合计	公司合计	备注
		个人缴纳	公司缴纳	个人缴纳	公司缴纳			

35.员工奖金合计表（见表A-35）

表A-35 　　　　　　　　　　　　　员工奖金合计表

月份：　　　　　　　　　　　　　　　　　　　　　　　　单位：

姓名	营业奖金计点	营业奖金金额	利润奖金计点	利润奖金金额	奖金合计
合计					

制表人：

36.奖罚核定单（见表A-36）

表A-36 　　　　　　　　　　　　　　奖罚核定单

填表日期：　　年　月　日

姓名		职称		工作证号	
奖惩原因					
人事部核定					
单位主管核定					

37.生产主管人员奖金核定表（见表A-37）

表A-37　　　　　　　　　生产主管人员奖金核定表

填表日期：　　　　　　　年　月　日

姓名	职别	省料率	省料奖金	生产效率	效率奖金	不合格品率	合格品率奖金	奖金合计

注：本表根据生产主管人员所管理部门的省料率、生产效率及合格品率来计算其应得的奖金。

38.生产奖金核定表（见表A-38）

表A-38　　　　　　　　生产奖金核定表

单位：　　　　　　　填表日期：年　月　日

制造编号	产品名称	生产数量	省料奖金	合格品率奖金	生产效率奖金	奖金合计
合计						

填表人：

39.计时工资核定表（见表A-39）

表A-39　　　　　　　　计时工资核定表

填表日期：　年　月　日

产品名称规格		制造批号	

作业名称	工时数量	产品质量等级	对应等级工资	应付工资总金额

审核：　　　　　　　填表：

40.员工工资登记表（见表A-40）

表A-40　　　　　　　　员工工资登记表

部门：　　　　　　填表日期：　年　月　日

职务等级	姓名	工资类别					合计工资
		基本工资	技术补贴	年资奖金	职务奖励	工作奖励	
合计							

审核：　　　　　　记录：

注：本表分基本工资、技术补贴、年资奖金、职务奖励、工作奖励五项，详细记录职工工资情况，方便职员及主管部门查阅与核对。

主要参考文献

[1] 文跃然. 薪酬管理原理 [M]. 2版. 上海：复旦大学出版社，2019.

[2] 魏钧. 人力资源管理实训 [M]. 2版. 北京：科学出版社，2019.

[3] 胡华成. 薪酬管理与设计全案 [M]. 北京：清华大学出版社，2019.

[4] 任康磊. 薪酬管理实操从入门到精通 [M]. 北京：人民邮电出版社，2018.

[5] 刘昕. 薪酬管理 [M]. 5版. 北京：中国人民大学出版社，2017.

[6] 赵君，刘容志. 人力资源管理实训教程 [M]. 武汉：武汉大学出版社，2016.

[7] 米尔科维奇，纽曼，格哈特. 薪酬管理 [M]. 成得礼，译. 11版. 北京：中国人民大学出版社，2014.

[8] 周永亮，李建民. 现代企业薪酬管理全案 [M]. 北京：机械工业出版社，2015.

[9] 张广科，黄瑞芹. 薪酬管理 [M]. 武汉：华中科技大学出版社，2013.

[10] 林筠. 绩效管理 [M]. 2版. 西安：西安交通大学出版社，2011.

[11] 张浩. 人力资源规范管理制度表格精选 [M]. 北京：北京工业大学出版社，2010.

[12] 宋长生，韩淼. 人力资源管理实验教程 [M]. 北京：中国经济出版社，2010.

[13] 吴国华，崔霞. 人力资源管理实验实训教程 [M]. 南京：东南大学出版社，2008.

[14] 徐斌. 薪酬福利设计与管理 [M]. 北京：中国劳动社会保障出版社，2006.

[15] 孙剑平. 薪酬体系与机制设计 [M]. 上海：上海交通大学出版社，2006.

[16] 刘军胜. 薪酬管理实务手册 [M]. 2版. 北京：机械工业出版社，2005.

[17] 王吉鹏. 薪酬管理 [M]. 北京：中国劳动社会保障出版社，2005.

[18] 李严锋，麦凯. 薪酬管理 [M]. 大连：东北财经大学出版社，2002.

[19] 吉宏，刘静，胡郅佳. 高层管理人员薪酬制度的探析 [J]. 统计与决策，2004（5）.

[20] 顾建平. 知识员工薪酬激励理论述评及启示 [J]. 企业经济，2005（3）.